中国特色的革命与建设道路

主　　编　闫　玉
副 主 编　孔德生　王雪军
本册作者　孔德生　东秀萍

中华工商联合出版社

图书在版编目（CIP）数据

中国特色的革命与建设道路 / 孔德生，东秀萍著
. --北京：中华工商联合出版社，2014.3
ISBN 978-7-5158-0851-2

Ⅰ. ①中… Ⅱ. ①孔… ②东… Ⅲ. ①中国特色社会主义-社会主义建设模式-研究 Ⅳ. ①D616

中国版本图书馆 CIP 数据核字（2014）第 036033 号

中国特色的革命与建设道路

作　　者： 孔德生　东秀萍
出 品 人： 徐　潜
策划编辑： 魏鸿鸣
责任编辑： 林　立
封面设计： 徐　超
责任审读： 郭敬梅
责任印制： 迈致红
出版发行： 中华工商联合出版社有限责任公司
印　　刷： 固安县云鼎印刷有限公司
版　　次： 2014 年 4 月第 1 版
印　　次： 2021 年10月第 2 次印刷
开　　本： 155mm×220mm　1/16
字　　数： 80 千字
印　　张： 12.5
书　　号： ISBN 978-7-5158-0851-2
定　　价： 38.00 元

服务热线： 010－58301130
销售热线： 010－58302813
地址邮编： 北京市西城区西环广场 A 座
19－20 层，100044

http://www.chgslcbs.cn
E-mail： cicap1202@sina.com（营销中心）
E-mail： gslzbs@sina.com（总编室）

目录 Contents

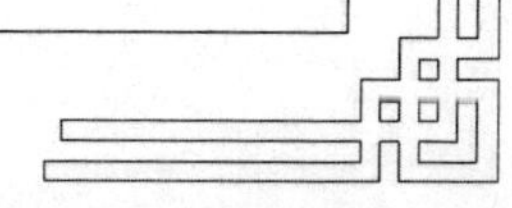

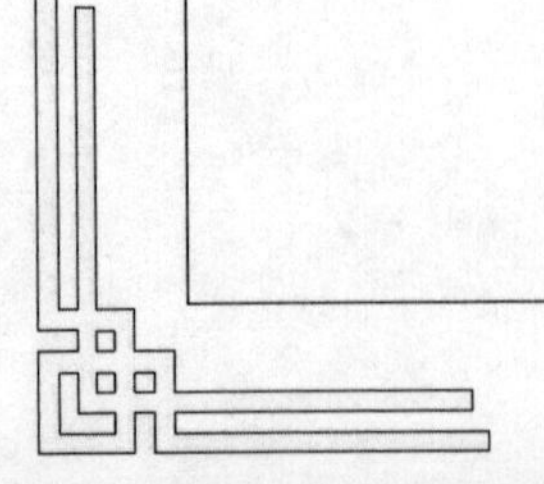

前　言
中国特色社会主义道路的历史进程与历史地位

一个国家所走的道路关乎党的命脉，关乎国家前途、民族命运、人民幸福。在中国这样一个历史上经济文化十分落后的国家探索民族复兴道路，是极为艰巨的任务。九十多年来，我们党紧紧依靠人民，把马克思主义基本原理同中国实际和时代特征结合起来，独立自主走自己的路，即中国特色的革命和建设道路，历经千辛万苦，付出各种代价，取得革命建设改革伟大胜利，开创和发展了中国特色社会主义，从根本上改变了中国人民和中华民族的前途命运。

以毛泽东同志为核心的党的第一代中央领导集体带领全党全国各族人民完成了新民主主义革命，进行了社会主义改造，确立了社会主义基本制度，成功实现了中国历史上最深刻最伟大的社会变革，为当代中国一切发展进步奠定了根本政治前提和制度基础。在探索过程中，虽然经历了严重曲折，但党在社会主义建设中取得的独创性理论成果和巨大成就，为新的历史时期开创中国特色社会主义提供了宝贵经验、理论准备、物质基础。

以邓小平同志为核心的党的第二代中央领导集体带领全党全国各族人民深刻总结我国社会主义建设正、反两方面经验，借鉴世界社会主义历史经验，作出把党和国家工作中心转移到经济建设上来、实行改革开放的历史性决策，深刻揭示社会主义本质，确立社会主义初级阶段基本路线，明确提出走自己的路、建设中国特色社会主义，科学回答了建设中国特色社会主义的一系列基本问题，成功开创了中国特色社会主义。

以江泽民同志为核心的党的第三代中央领导集体带领全党全国各族人民坚持党的基本理论、基本路线，在国内外形势十分复杂、世界社会主义出现严重曲折的严峻考验面前捍卫了中国特色社会主义，依据新的实践确立了党的基本纲领、基本经验，确立了社会主义市场经济体制的改革目标和基本框架，确立了社会主义初级阶段的基本经济制度和分配制度，开创全面改革开放新局面，推进党的建设新的伟大工程，成功把中国特色社会主义推向二十一世纪。

新世纪新阶段，以胡锦涛同志为总书记的党中央抓住重要战略机遇期，在全面建设小康社会进程中推进实践创新、理论创新、制度创新，强调坚持以人为本、全面协调可持续发展，提出构建社会主义和谐社会、加快生态文明建设，形成中国特色社会主义事业总体布局，着力保障和改善民生，促进社会公平正义，推动建设和谐世界，推进党的执政能力建设和先进性建设，成功在新的历史起点上坚持和发展了中国特色社会主义。

中国特色社会主义道路，就是在中国共产党领导下，立足基本国情，以经济建设为中心，坚持四项基本原则，坚持改革开放，解放和发展社会生产力，建设社会主义市场经济、社会主义民主政治、社会主义先进文化、社会主义和谐社会、社会主义生态文明，促进人的全面发展，逐步实现全体人民共同富裕，建设富强民主文明和谐的社会主义现代化国家。

新中国成立后，中国共产党人实现了中国特色社会主义道路的接力探索，党中央在新的历史起点上坚持和发展了中国特色社会主义道路。在改革开放三十多年的探索中，我们坚定不移高举中国特色社会主义伟大旗帜，取得了一系列新的历史性成就，为全面建成小康社会打下了坚实基础。我国经济总量已跃升到世界第二位，社会生产力、经济实力、科技实力迈上一个大台阶，人民生活水平、居民收入水平、社会保障水平迈上一个大台阶，综合国力、国际竞争力、国际影响力迈上一个大台阶，国家面貌发生新的历史性变化，经济持续发展、民主不断健全、文化日益繁荣、社会保持稳定、民生得到保障和改善、人民得到实惠更多。我们之所以能取得这样的历史性成就，其根本原因就是我们坚定不移地走中国特色社会主义道路，并不断拓宽这条道路。

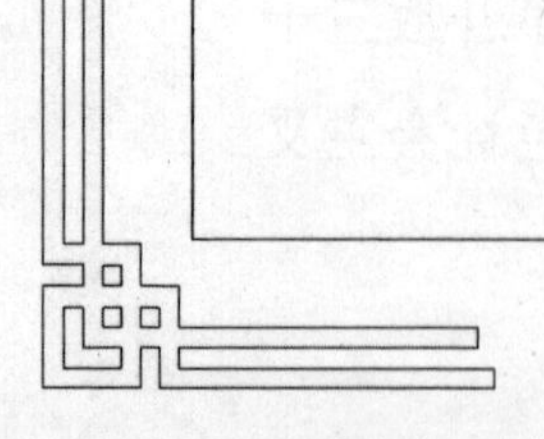

一、中国特色革命道路的成功开辟

（一）第一代领导集体与中国特色革命道路

以毛泽东为核心的党的第一代中央领导集体，在领导新民主主义革命和社会主义革命的过程中，开创了独具中国特色的革命道路。正是这条包括“农村包围城市、武装夺取政权”为主体的新民主主义革命道路和“一化三改”为主体的社会主义改造道路的完整意义上的中国特色革命道路，指引我们取得了民主革命完全彻底的胜利，创建了新中国，并很快确立了社会主义制度，使中国走上了社会主义道路，致力完成以强国富民为主要目标的第二大历史任务，开始了中华民族伟大复兴的新征程。在第一代领导集体执政期间，中国社会主义建设已经全面展开，进行了一系列积极有效的艰辛探索，开辟了中国特色革命道路，并为以邓小平为核心的第二代领导集体，于十一届三中全会后开创中国特色社会主义建设道路奠定了坚实基础。

1. 中国特色革命道路的科学内涵

中国特色革命道路，主要是区别于无产阶级通过社会主义革命、议会斗争、城市武装起义，直接从资产阶级手里夺取政权，建立社会主义社会这种革命模式和社会发展模式。它既不同于俄国十月社会主义革命一步到位，而是要分两步走；更不同于西方旧式的资产阶级革命，而是新式的资产阶级民主主义革命，以社会主义、共产主义为最终奋斗目标，先进行新民主主义革命，然后再对生产资料私有制进行社会主义改造，由新民主主义社会进入社会主义社会。

2. 中国特色革命道路的发展阶段

新民主主义革命道路是中国特色革命道路的第一

阶段，而且是最重要的阶段。中国共产党成立之后，有资本主义和社会主义两条道路可供选择。“帝国主义的侵略打破了中国人学西方的迷梦。很奇怪，为什么先生老是侵略学生呢？中国人向西方学得很不少，但是行不通，理想总是不能实现。”① 资本主义道路在中国走不通，俄国十月社会主义革命道路又脱离中国现实，到底走什么道路？经典著作中没有现成答案可寻，只能把马克思主义与中国实际相结合，走自己的路，这就是中国特色革命道路。

毛泽东创立的新民主主义理论是马克思主义中国化第一次历史性飞跃的集中成果，为马克思主义、科学社会主义宝库增添了重要内容，在这一理论指导下，开创了中国新民主主义革命道路，新民主主义理论解决了中国特色革命道路问题。

新民主主义革命理论有狭义与广义两种理解。狭义的新民主主义革命理论内涵的基本点是：中国革命是世界无产阶级社会主义革命的一部分；中国革命必须分两步走；民主革命是社会主义革命的必要准备，社会主义革命是民主革命的必然趋势；新旧民主主义革命区别的根本标志在于是否由无产阶级领导；中国革命的对象、动力、前途，新民主主义革命的政治纲

① 《毛泽东选集》(第四卷)，人民出版社 1991 年版，第 1470 页。

领、经济纲领、文化纲领，以及由此所概括的新民主主义革命总路线。广义的新民主主义革命理论的内涵，是党的十一届六中全会决议关于毛泽东思想基本内容的新民主主义革命理论部分所论述，其基本点是：关于统一战线、武装斗争、党的建设中国革命的“三大法宝”，以及关于农村包围城市的革命道路的理论。无论狭义的或广义的理解，两者总的概括都是相同的，即无产阶级领导的，工农联盟为基础的，人民大众的，反对帝国主义、封建主义和官僚资本主义的新民主主义革命。

新民主主义这条中国特色的革命道路，包括农村包围城市道路。农村包围城市道路和新民主主义革命道路既密不可分，又有明显的区别。区别在于范畴不同，理论层次不同，回答问题角度不同。新民主主义是大范畴，大概念，带有总体性的宏观理论；农村包围城市道路是在中国特殊社会历史条件下，实现武装夺取政权的途径，也是完成新民主主义革命任务的必经之路，它是服从和从属于新民主主义道路的。前者范畴更广，后者是服从服务于前者的需要，范畴窄，理论层次低，属于前者的内涵。可以说，农村包围城市理论固然是中国特色革命道路，但中国特色革命道路不只是人们通常所理解的农村包围城市的道路，而是站在宏观研究的角度，对中国整个革命历程综合归纳，是就中国革命经由新民主主义，继而进入社会主义的道路而言的。

社会主义改造道路是中国特色革命道路的第二阶段。《关于建国以来党的若干历史问题的决议》指出："在过渡时期中，我们党创造性地开辟了一条适合中国特点的社会主义改造道路。"① 过渡时期是融合于新民主主义社会之中，与其同步进行的。"社会主义改造是我国经济战线上的社会主义革命。"② 它使毛泽东构想的中国特色革命道路的第二步得以顺利实现。

毛泽东在《中国革命和中国共产党》一文中深刻地指出，"整个中国革命是包含着两重任务的"。这两重任务就是资产阶级民主主义性质的革命（新民主主义的革命）和无产阶级社会主义性质的革命。"而一切共产主义者的最后目的，则是在于力争社会主义社会和共产主义社会的最后的完成。"③ 这就是毛泽东

① 《关于建国以来党的若干历史问题的决议（注释本）》，人民出版社 1983 年版，第 17 页。

② 沙健孙：《关于社会主义改造问题的再评价》，《当代中国史研究》，2005 年第 12 期。

③ 《毛泽东选集》（第二卷），人民出版社 1991 年版，第 651～652 页。

所构想的中国特色革命道路的总体框架，在如何使民主主义革命与社会主义革命成功对接，实现由新民主主义社会向社会主义社会的过渡上，毛泽东再一次超越了苏联国家在彻底砸碎资产阶级的国家机器，废除资本主义社会的经济基础的前提下，“必须在所谓‘空地上’创造新的社会主义的经济形式”[①] 的革命性变革模式。“毛泽东则把这场必然的社会变革变成了一种不流血的、和平的过渡，通过许多中间环节，在新民主主义社会同社会主义社会之间架起了一座渐变的桥梁，每天都在过渡，每天都在变化，做到‘瓜熟蒂落’，‘水到渠成’，避免了社会动荡和生产力的破坏。”[②] 社会主义改造理论突破了苏联模式的束缚，创造了工业化和改造同时并举的道路，突破了一举过渡的框框，顺利地实现了逐步过渡，使“我们党创造性地完成了由新民主主义到社会主义的过渡，实现中国历史上最伟大最深刻的社会变革，开始了在社会主义道路上实现中华民族伟大复兴的历史征程”。[③]

---

① 《斯大林选集》(下卷)，人民出版社 1979 年版，第 542～543 页。

② 《中外学者纵论 20 世纪的中国》，江西人民出版社 2003 年版，第 36 页。

③ 《十六大以来重要文献选编 (上)》，中央文献出版社 2005 年版，第 43 页。

3. 中国特色革命道路的伟大实践

中国共产党是以马克思主义为指导建立起来的，中国的共产主义运动是在俄国革命的直接影响下发生的。马克思、恩格斯、列宁关于无产阶级对待资产阶级民主革命的理论，特别是列宁的民族殖民地学说，对中国革命具有直接的指导意义。但是无论是马克思、恩格斯，还是列宁，都没有系统地提出一个完全适合中国革命需要的理论。如何在半殖民地半封建的落后农业大国以马克思列宁主义为指导领导中国革命？中国革命的性质是什么？如何取得革命的胜利？这些问题只能靠中国共产党人自己去创造性地解决。

以毛泽东为代表的中国共产党人，运用马克思主义的世界观方法论以及科学社会主义学说，正确分析了中国特殊的国情，认清了中国社会性质、主要矛盾，总结了中国革命的独特经验，从而在宏观上指明了中国革命的方向和方位，指出中国革命的性质是新民主主义革命，前途是社会主义的，“就是在无产阶级领导之下的人民大众的反帝反封建的革命”。[①] 创造性地把民主革命与无产阶级领导联系起来，使中国民主革命成为无产阶级责无旁贷的历史使命，这就决

① 《毛泽东选集》（第二卷），人民出版社 1991 年版，第 647 页。

定了中国革命的社会主义前途。

新民主主义理论科学地回答了中国革命的性质问题，以独创性的内容和鲜明的中国特色，发展了马克思主义。新民主主义革命理论突破了世界近代史上的革命要么是资产阶级民主革命，要么是社会主义革命两种模式，创造了第三种革命类型，解决了在半殖民地半封建的落后国家，无产阶级领导资产阶级民主革命、实现民族独立和人民解放的新课题；新民主主义社会理论关于中国革命分两步走，以新民主主义社会和国家为中间站实现向社会主义转变的构想，解决了经济落后国家在夺取政权后，如何建设新国家，创造条件，以最小的代价和平地实现由新民主主义向社会主义转变的难题，发展了马克思主义的不断革命论和革命转变论。这就从根本上解决了在半殖民地半封建社会里如何进行共产主义运动，如何在中国实现社会主义的道路问题，为从半殖民地半封建社会到社会主义架起一座桥梁，打开一个通道。

如果说新民主主义理论完满地解决了中国革命的性质是什么的问题，那么农村包围城市道路理论则解决了如何取得革命胜利的问题。毛泽东系统地总结了土地革命战争的历史经验和抗日战争的新鲜经验，批判了在中国革命道路问题上照抄照搬外国经验的教条主义，科学地论证了中国革命为什么必须走农村包围城市的道路，而且能够走这条道路夺取革命的胜利，形成了完整的农村包围城市道路的理论。“共产党的任务，基本地不是经过长期合法斗争以进入起义和战争，也不是先占城市后取乡村，而是走相反的道路。”[①] 这一理论具有鲜明的中国特色。它突破了俄国十月革命城市中心道路的模式，解决了在半殖民地半封建经济政治发展不平衡的农业大国，弱小的无产阶级怎样发动和组织农民这个最大的革命力量，最有效地打击敌人，积蓄和发展革命力量，最后夺取全国政权的问题，为马克思主义暴力革命理论增添了新内容。

探寻这条中国特色革命道路是极其艰辛的。以毛泽东为代表的共产党人克服了党内存在的把马克思主义教条化、把苏联经验神圣化的错误倾向，排除了共产国际对中国革命的干扰，以新民主主义理论为指导，坚持走农村包围城市道路，经过 28 年艰苦卓绝的奋斗，开创了中国特色革命道路，建立了新中国，为由新民主主义向社会主义转变奠定了基础，确立了社会主义新制度，开创了中国历史新纪元，实现了 20 世纪中国第二次历史性巨变。

① 《毛泽东选集》(第二卷)，人民出版社 1991 年版，第 542 页。

4. 中国特色革命道路的理论价值

(1) 中国革命历史经验的基本总结

中国革命的历史经验非常丰富，是党的宝贵精神财富。党历来十分重视历史经验，并从不同的视角、不同的层次进行过多次总结。集中起来，最根本的就是两个方面，第一个方面是关于中国革命的历史经验，第二个方面是中国社会主义建设的历史经验。

关于中国革命的历史经验，邓小平从坚持马克思主义，坚持把马克思主义同中国实际相结合的角度，深刻地指出："中国自鸦片战争以来的一个多世纪内，处于被侵略、受屈辱的状态，是中国人民接受了马克思主义，并且坚持走从新民主主义到社会主义的道路，才使中国的革命取得了胜利。"① 这就是中国革命取得胜利的基本经验，这条道路是一条既不同于西方资产阶级民主革命，又不同于俄国十月革命的新路子，是不经过资本主义阶段而逐步变为社会主义社会的道路，是中国特色的革命道路。这条道路"既坚持了革命的阶段论，同'左'倾冒险主义和民粹主义划清了界限；又坚持了革命的发展论，同'二次革命论'划清了界限，从而实现了中国'卡夫丁峡谷'的

① 《邓小平文选》(第三卷)，人民出版社 1993 年版，第 62 页。

历史性跨越”。[1]

邓小平同志从社会主义现代化建设“照抄照搬别国经验、别国模式，从来不能得到成功”的基本经验教训的角度，指出中国的社会主义建设必须从中国的实际出发，要“把马克思主义的普遍真理同我国的具体实际结合起来，走自己的路，建设有中国特色的社会主义，这就是我们总结长期历史经验得出的基本结论”。[2] 中国特色社会主义道路是中国特色革命道路发展的必然结果，也是中国社会主义建设历史经验的高度概括。

党的十三大报告，纵观马克思主义中国化六十多年的历史进程，从马克思主义与我国实践的结合实现的两次历史性飞跃的角度，深刻指出“第一次飞跃，发生在新民主主义革命时期，中国共产党人经过反复探索，在总结成功和失败经验的基础上，找到了有中国特色的革命道路，把革命引向胜利。第二次飞跃，发生在十一届三中全会以后，中国共产党人总结建国三十多年来正反两方面经验的基础上，在研究国际经验和世界形势的基础上，开始找到一条建设有中国特

① 李捷：《毛泽东与新中国的内政外交》，中国青年出版社 2003 年版，第 267 页。

② 《邓小平文选》（第三卷），人民出版社 1993 年版，第 3 页。

色的社会主义的道路，开辟了社会主义建设的新阶段”。[①] 实际上的飞跃，就是指马克思主义与中国实践相结合的历史进程中，以毛泽东、邓小平为代表的老一辈革命家，对中国革命和社会主义建设事业，在认识上发生质的变化，在思想理论上取得突破性的进展，为马克思主义理论宝库增添了新的原理或新的论断，是中国革命独创性经验的科学总结。这两次历史性的飞跃，都是通过“把马克思列宁主义的基本原理同中国实际相结合，走自己的路”来实现的。这是中国共产党人在中国革命和建设的过程中，“吃了苦头总结出来的经验”。[②]

(2) 中国革命发展规律的深刻揭示

近代中国半殖民地半封建社会的性质，决定中国革命既要有一般规律，又要有特殊规律，一个革命政党只有认识、掌握并熟练运用这个规律，才能推动事业发展。中国共产党高度重视认识和掌握规律，毛泽东在研究中国革命战争的战略问题时指出：“不论做什么事，不懂得那件事的情形，它的性质，它和它以外的事情的关联，就不知道那件事的规律，就不知道

---

① 《十三大以来重要文献选编（上）》，人民出版社 1991 年版，第 56 页。

② 《邓小平文选》(第三卷)，人民出版社 1993 年版，第 95 页。

如何去做，就不能做好那件事。”[①] 我们党领导中国人民九十多年的奋斗历程，反复证明了无论是战争年代，还是和平建设时期，都要站在对中国特殊规律探索的最前列，站在马克思列宁主义与中国实际相结合的最前列，结合中国的特殊国情，探索中国革命的特殊道路，从战略上解决走什么路，举什么旗的问题，只有这样才能取得革命的胜利。中国特色革命道路是由现代中国特殊的国情所决定的，是近现代中国社会发展的必由之路，是近现代中国特殊历史规律的反映。

（3）新民主主义理论认识上的升华

中国共产党成立后的 28 年间，领导中国人民进行革命斗争的全部历史集中到一点，就是赢得了新民主主义革命的伟大胜利。由人民民主专政的国家政权代替了大地主大资产阶级对全国的统治，使中国由半殖民地半封建社会进入新民主主义社会，为过渡到社会主义社会奠定了基础，创造了基本条件。解决了在经济落后的半殖民地半封建的社会里，无产阶级如何开展共产主义运动的根本问题，指明了中国革命的方向和方位。

新民主主义理论是对近代中国特殊规律的深刻揭

① 《毛泽东选集》（第一卷），人民出版社 1991 年版，第 171 页。

示和总结，中国特色革命道路正是在新民主主义革命理论的基础上，以宏观视角和世界上资产阶级民主革命和无产阶级社会主义革命相比较，用世界眼光考察中国革命道路得出的结论，是新民主主义理论认识上的升华和诠释。这一理论上的精辟概括，既是对新民主主义理论认识上的升华，也是对中国革命和建设特殊规律的深刻揭示，更加坚定了走中国特色社会主义道路的信心和决心。

5．中国特色革命道路与中国特色社会主义道路的关系

（1）中国特色革命道路是中国特色社会主义道路的历史由来

在中国特色革命道路的指引下，新民主主义革命取得胜利，建立了新民主主义社会，在新民主主义社会进行社会主义革命，建立了社会主义社会。

我国由一个原来曾经是经济十分落后的半殖民地半封建社会，经过不长时间的新民主主义社会过渡到社会主义社会，这种特殊的进入社会主义的道路，成为中国特色社会主义的由来和客观的历史依据，这就使中国特色革命道路和中国特色社会主义道路有因果关系。新民主主义社会对中国特色社会主义的“基因”作用不容忽视，“人们自己创造自己的历史，但是他们并不是随心所欲地创造，并不是在他们自己选定的条件下创造，而是在直接碰到的、既定的、从过去承继下来的条件下创造”。① 因此，抛开对新民主主义社会的认识，便无从真正理解中国特色的社会主义。

十三大报告指出：“在中国这样落后的东方大国中建设社会主义，是马克思主义发展史上的新课题。我们面对的情况，既不是马克思主义创始人设想的在资本主义高度发展的基础上建设社会主义，也不完全相同于其他社会主义国家。照搬书本不行，照搬外国也不行，必须从国情出发，把马克思主义基本原理同中国实际结合起来，在实践中开辟有中国特色的社会主义道路。”② 中国特色的社会主义有其特定的含义，它并非泛指在任何国家搞社会主义都有自己的国情特点。其核心在于指出中国的社会主义不是马克思、恩格斯、列宁论述的从资本主义过渡而来。因此对中国特色的社会主义的认识，就应从新民主主义同资本主义的区别，及其各自过渡到社会主义所带来的特点加以理解。

---

① 《马克思恩格斯选集》（第一卷），人民出版社 1995 年版，第 585 页。

② 《十三大以来重要文献选编（上）》，人民出版社 1991 年版，第 1156 页。

(2) 中国特色社会主义道路是中国特色革命道路发展的必然结果

新民主主义属于共产主义的理论体系，这种社会形态本身就孕育和不断发展着社会主义因素。“这种社会主义因素是什么呢？就是无产阶级和共产党在全国政治势力中的比重的增长，就是农民、知识分子和城市小资产阶级或者已经或者可能承认无产阶级和共产党的领导权，就是民主共和国的国营经济和劳动人民的合作经济。”①

新民主主义社会是中国社会发展的“历史必由之路”②，并在经济、政治、思想、文化等各个方面为社会主义奠定了必要的和直接的基础，这些社会主义因素不断增长，量的积累产生质的变化，使中国由新民主主义社会转变为社会主义社会，因而，社会主义在中国的实现也是社会历史发展的必然。与此同时，它必须继承新民主主义所给予的“基因”，形成自己的特色，中国特色社会主义道路乃是中国特色革命道路发展的必然结果。“人们不能自由选择自己的生产力——这是他们的全部历史的基础，因为任何生产力

① 《毛泽东选集》(第二卷)，人民出版社 1991 年版，第 650 页。

② 《毛泽东选集》(第二卷)，人民出版社 1991 年版，第 559 页。

都是一种既得的力量，以往的活动的产物。”①

这就决定了，我国由新民主主义社会过渡到社会主义社会以后，必须从中国的实际情况出发，确定好自己的历史方位。必须经历一个很长时期的社会主义初级阶段，去实现许多国家在资本主义条件下实现的工业化和生产的商品化、社会化、现代化。这个初级阶段恰恰是中国特色社会主义最基本的客观依据和最重要内容。

（二）中国特色新民主主义革命道路与历史新纪元

新民主主义革命的任务是反对帝国主义、反对封建主义、反对官僚资本主义，推翻压在中国人民头上的三座大山，建立人民民主共和国。国民党南京政府是一个代表大地主大资产阶级的利益，对外仰息帝国主义，对内实行法西斯专政的反动政权。推翻国民党反动统治夺取政权，是长期的艰巨的历史任务。既不

① 《马克思恩格斯选集》（第四卷），人民出版社 1995 年版，第 532 页。

能采取合法的议会斗争，也不能像俄国十月革命那样在城市举行武装起义，先城市后农村，夺取政权建立无产阶级专政的苏维埃国家政权的道路。

以毛泽东为代表的中国共产党人，创造性地运用马克思列宁主义国家学说和帝国主义发展不平衡的理论，依据中国的特殊国情，提出了以农村包围城市、武装夺取全国政权，走与俄国十月革命相反的道路，从而为夺取新民主主义革命的胜利迈开实质性的第一步，为开创中国特色革命道路奠定了坚实的理论基础。

1927 年大革命失败后，以毛泽东为主要代表的中国共产党人，从中国半殖民地半封建社会的特殊国情出发，经过反复探索，在总结成功经验和失败教训的基础上，创造性地把马克思主义普遍原理同中国革命的具体实际相结合，逐渐找到了一条有中国特色的革命道路，经过长期的艰苦卓绝的探索与奋斗，把处于险境中的中国革命引向通途，取得了新民主主义革命的伟大胜利，建立了中华人民共和国，从而开创了历史的新纪元。

1. 工农红军和农村革命根据地的艰辛实践

建立新型的人民军队和农村革命根据地，开展土地革命，实行工农武装割据，用革命的武装反抗国民党的反动统治，是国民革命失败后以毛泽东为主要代表的中国共产党人启动中国革命航船，复兴中国革命大业，完成反帝反封建的新民主主义革命任务的一次历史性抉择。

在一个半殖民地半封建的中国，如何进行新民主主义革命，夺取革命胜利，马克思列宁著作中没有现成答案。在探索中国革命新道路的斗争中，党的许多杰出领袖以马克思主义的理论勇气，冲破了教条主义的束缚，从中国特殊国情出发，逐步将所在地区党的工作重心向农村转移。而毛泽东则“是成功地把党的工作重心由城市转入农村，在农村保存、恢复和发展革命力量的主要代表”。[①]

1927 年 9 月，毛泽东领导秋收起义受挫之后，正确地分析了当时敌强我弱的形势，果断地决定放弃攻打长沙的计划，率领部队向敌人统治力量薄弱的湘赣边界罗霄山脉中段进军。起义部队于 10 月下旬到达井冈山地区，建立了全国第一个农村革命根据地。这就从实践上解决了在革命处于低潮形势下，如何把革命退却与进攻有机结合起来的问题，解决了党所面

① 《三中全会以来重要文献选编》（下卷），人民出版社 1982 年版，第 793 页。

临的迫切需要解决的策略方针和问题；同时，它点燃了“工农武装割据”的星星之火，从实践上开辟了一条在农村重新积聚力量，以农村包围城市，最后武装夺取政权的中国革命发展的新道路，并成功实现了中国革命的伟大战略转变。随后，各地共产党人领导红军充分利用军阀混战的有利时机，主动出击，扩大红色区域，发展工农武装，开展土地革命斗争，建立苏维埃政权。中国革命的星星之火，顿成燎原之势。

马克思列宁主义认为，一切革命的根本问题是国家政权问题。国家政权的实质是阶级统治的工具，政权掌握在哪个阶级手里，就为哪个阶级服务。因此，一切革命的政党，最重要的问题是夺取政权。列宁指出，不弄清这个问题，便谈不上自觉地参加革命，更不用说领导革命。由此，中国共产党如果不能领导中国人民夺取政权，就没有新民主主义革命的胜利，就不能走由新民主主义到社会主义的中国特色的革命发展道路。历史上凡是专制主义者，或帝国主义者，或军阀主义者，都是被推倒的，从没有自动退出历史舞台的。只要有一线希望，他们也总是要利用手中掌握的政权残酷镇压无产阶级和广大劳动人民，进行垂死的挣扎。历史表明，要使政权从剥削阶级转移到人民手里，就必须以暴力革命夺取政权，彻底砸碎旧的国家机器，代之以人民当家做主的国家政权。

2. 农村包围城市道路理论是在开创农村革命根据地的实践斗争中逐步形成和完善的

(1) 在农村建立革命根据地，走农村包围城市、武装夺取全国政权道路的必要性与可能性

毛泽东深刻地论述了，中国是若干帝国主义宰割的以地方农业经济为主的半殖民地半封建社会，政治经济发展极不平衡的现实。毛泽东指出："中国政治经济发展不平衡——微弱的资本主义经济和严重的半封建经济同时存在，近代式的若干工商业都市和停滞着的广大农村同时存在，几百万产业工人和几万万旧制度统治下的农民和手工业工人同时存在，管理中央政府的大军阀和管理各省的小军阀同时存在，反动军队中隶属蒋介石的所谓中央军和隶属各省军阀的所谓杂牌军这样两部分军队同时存在，若干铁路航路汽车路和普遍的独轮车路，只能用脚走的路和用脚还不好走的路同时存在。"①

中国是一个半殖民地国家——帝国主义争夺中国的矛盾和斗争，影响到中国的团结。国民党反动派在南京建立了全国性的国家政权，实行法西斯专政，国

① 《毛泽东选集》(第一卷)，人民出版社 1991 年版，第 188 页。

外得到帝国主义国家的支持，国内城市的买办资产阶级和农村的封建地主阶级，是国民党政权的两大主要支柱。国民党政权还拥有一支庞大的军队，大部分驻扎在各中心城市。这支军队同中国历代王朝和旧军阀的军队不同，在装备上基本上是现代化的，在军需供应和后勤保障上及编制数量上都大大超过过去。城市是国民党反动统治的中心，敌我力量悬殊决定了中国革命的长期性、艰巨性。

广大农村是反动统治薄弱地域，远离中心城市，地广人稀，交通闭塞。农村是占中国人口80%的农民聚居的地方，农民是中国革命的主力军和中国共产党的可靠同盟军，是人民军队的主要兵源。中国革命战争的实质是共产党领导的农民革命战争。大革命时期，配合国民革命军的北伐进军，中国共产党以国民党的旗帜（当时的是国共两党合作时期）以两湖为中心发动了一场农村大革命，广大农民受到一场民主革命的影响，为工农革命奠定了群众基础。

土地革命是民主革命的基本内容。封建土地所有制是国民党反动统治和地主豪绅赖以生存的经济基础，只有扎根农村、建立革命根据地，才能开展土地革命。只有实行土地革命才能发动农民、武装农民，壮大革命力量，以农村包围城市，最后夺取全国胜利。

北伐战争中国民革命军从广东出发沿京汉铁路北上，经长沙，抵武昌、汉口，从城市到城市，共产党没有独立领导自己的军队，一旦大资产阶级叛变，国民党反动派占据中心城市，就对共产党人和革命分子进行血腥屠杀，党组织因此遭到严重破坏，白色恐怖笼罩中心城市和大江南北。在城市共产党组织没有可供活动的空间，只好被迫由城市转入农村、山区，组建人民军队，以武装反抗国民党反动派，建立根据地，实行土地革命走与俄国相反的道路。

帝国主义的分裂剥削政策和地方农业经济导致白色政权间的长期分裂和战争，是四周白色政权包围中若干小块红色政权能够存在的客观的基本条件和主要原因。1928 年，毛泽东针对党和红军内有些人存在“红旗能够打多久”的顾虑和悲观情绪，深刻地分析了中国社会性质的特点和政治经济发展不平衡的现实，明确指出，在四周白色政权包围中有一小块或若干小块红色政权的区域长期的存在，这是世界各国从来没有的现象，它的发生不能在任何帝国主义国家，也不能在任何帝国主义直接统治的殖民地，这种怪事的发生，有其独特的原因。这主要是由于“地方的农业经济（不是统一的资本主义经济）和帝国主义划分势力范围的分裂剥削政策”。[①]从而导致军阀间的矛盾和冲突，酿成白色政权间的长期分裂与战争。这就为小块红色政权可以利用敌人间的矛盾和内战空隙，建立小块红色政权并得以坚持与发展。同时，地方农业经济同资本主义社会城乡关系不同，农村可以不依赖城市而独立生存，可以自给自足。这就为农村根据地的存在，在经济上提供了可能，并可以长期存在发展。

除基本的客观条件外，还需要有主观条件才能使客观提供的可能性变为现实。这主要是正式红军的存在和共产党组织的有力量以及其政策的正确，湘赣边界的割据和八月的教训有力地证明了这一论断。“本年四月以前乘时而起的许多红色政权，如广州、海陆丰、湘赣边界、湘南、醴陵、黄安各地，都先后受到白色政权的摧毁，就是这个道理。四月以后湘赣边界的割据，正值南方统治势力暂时稳定的时候，湘赣两省派来‘进剿’的军队，随时都有八九个团以上的兵力，多的到过十八个团。然而我们以不足四个团的兵力和敌人斗争四个月之久，使割据地一天一天扩大，土地革命一天一天深入，民众政权的组织一天一天推广，红军和赤卫队一天一天壮大，原因就在于湘赣边

① 《毛泽东选集》(第一卷)，人民出版社 1991 年版，第 49 页。

界的共产党（地方的党和军队的党）的政策是正确的。”[①] 小块红色政权是夺取全国政权的基地和立足点。“星星之火，可以燎原。”毛泽东把建立小块红色政权同夺取全国政权联系起来，先有农村的革命根据地，小块红色政权才能使党和人民军队有立足之地，站稳脚跟，发展组织，扩大队伍，发动群众，壮大革命力量，逐渐形成燎原之势，以农村包围城市，最后夺取新民主主义革命的胜利。

（2）建立农村革命根据地，是一个新事物，需要由基本要素构成

正如毛泽东在《星星之火，可以燎原》一文中指出：“朱德毛泽东式、方志敏式之有根据地的，有计划地建设政权的，深入土地革命的，扩大人民武装的路线是经由乡赤卫队，区赤卫大队、县赤卫总队，地方红军直至正规军这样一套办法的，政权发展是波浪式地向前扩大的，等等的政策，无疑义地是正确的。”[②] 根据毛泽东的论述确立农村革命根据地必须具备四大要素：一是建立中国共产党领导下的人民军队，开展武装斗争；二是以根据地为依托；三是以工农民主专政政权为杠杆；四是以土地革命为基本内

① 《毛泽东选集》（第一卷），人民出版社 1991 年版，第 51 页。
② 《毛泽东选集》（第一卷），人民出版社 1991 年版，第 98 页。

容。几个方面互为联系，融为一体，不可分割。

其一，中国革命的主要斗争形式是武装斗争。毛泽东明确指出，武装夺取政权，是无产阶级革命的中心任务和斗争的最高形式。共产党领导的人民军队是执行政治任务的武装军团，以全心全意为人民服务为宗旨。没有一支人民军队，就不可能开创农村革命根据地，不开展武装斗争，就不足以保卫和扩大根据地，就不足以推翻帝国主义、封建主义和官僚资本主义在中国的统治，夺取全国政权。

其二，农村革命根据地是建立人民军队，开展武装斗争的依托。建立人民军队必须有充足的兵源，红军兵源来自两个方面，一是广大的贫苦青年农民，二是从敌军俘虏或起义过来的国民党军。而主要的是根据地的农民。没有根据地为依托，红军就没有足够的兵源。建立一支正式的人民军队，开展武装斗争，必须有必要的军需和后勤保障；军队作战需要必要的休整、培训；实行人民战争方针必须有地方武装和人民群众的配合参战、支前等，这一切都离不开根据地。只有开创农村革命根据地，才能实行土地革命。

其三，革命的根本问题是政权问题，要推翻国民党反动统治，夺取全国政权，必须首先砸碎小块白色政权，建立小块红色政权。工农民主政权是组织建立红军，动员群众，支援革命战争，发展经济，保障供给，培养、输送干部的权力机构；是发动群众，开展土地革命，实行“耕者有其田”的权力机构；是人民当家做主的集中体现和主要标志。没有根据地无从谈起建设政权，不建设政权，革命根据地是不能巩固和持久的发展的。

其四，土地革命是民主革命的基本内容。封建土地制度是国民党反动派和地主豪绅买办阶级统治人民的经济基础，摧毁封建土地制度，是消灭封建主义和国民党反动统治，解放广大被压迫被剥削农民和解放生产力发展经济的根本前提，是巩固农村革命根据地和工农民主政权的基础。

坚持这四个基本要素，农村革命根据地才得以巩固和逐步形成星星燎原之势。毛泽东明确指出：“红军、游击队和红色区域的建立和发展，是半殖民地中国无产阶级领导之下的农民斗争的最高形式，和半殖民地农民斗争发展的必然结果；并且无疑义地是促进全国革命高潮的最重要因素。”①

在农村建立革命根据地，壮大人民革命力量，以农村包围城市，最后夺取全国胜利的革命道路，是以毛泽东为主要代表的中国共产党人，创造性地运用马

① 《毛泽东选集》(第一卷)，人民出版社 1991 年版，第 98 页。

克思列宁主义国家与革命原理和帝国主义发展不平衡理论，深刻地分析中国特殊国情，特别是抓着了帝国主义划分势力范围的分裂剥削政策、争夺殖民地的矛盾和斗争及军阀间的分裂与战争，抓着了地方农业经济这两个相互结合的特点所得出的科学结论，是夺取新民主主义革命胜利，实现由新民主主义到达社会主义的这一中国特色革命道路的唯一可行道路。

3. 崭新的人民共和国正式诞生，并傲然屹立于世界东方

从土地革命战争时期建立工农红军和农村革命根据地的艰辛实践，到抗日战争时期抗日民主根据地的创建和发展，再到解放战争时期解放区的迅速扩大，农村包围城市、武装夺取政权道路理论得到了完满的实现。1949 年 10 月 1 日中华人民共和国的成立，是农村包围城市道路的伟大成果。历史证明：农村包围城市的新民主主义革命发展道路，是中国共产党人经过 20 多年的流血牺牲，历经千辛万苦探索出来的，是符合中国国情的正确革命道路。

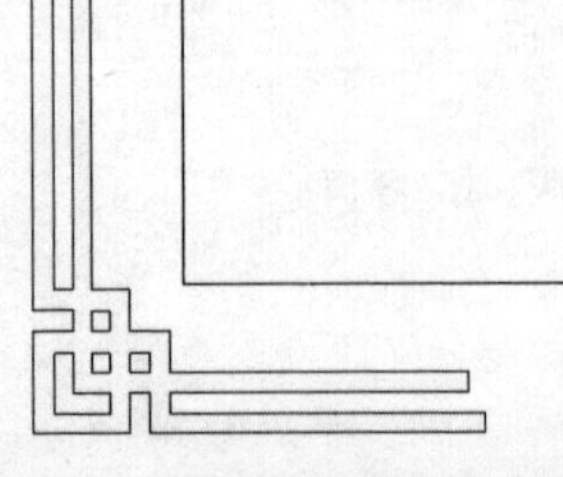

（三）中国特色社会主义改造道路与社会主义制度确立

随着国内外形势的发展变化和实际工作经验的积累，1952 年年底，毛泽东提出了加快从新民主主义向社会主义转变的过渡时期总路线，这就是："从中华人民共和国成立，到社会主义改造基本完成，这是一个过渡时期。党在这个过渡时期的总路线和总任务，是要在一个相当长的时期内，逐步实现社会主义的工业化，逐步实现国家对农业、对手工业和对资本主义工商业的社会主义改造。"① 以此为标志，旨在全面建立生产资料社会主义公有制的社会经济变革正式展开。

1. 过渡时期总路线是社会主义改造的理论先导

党在过渡时期总路线的主体是实现国家的社会主义工业化。总路线规定，要充分发展社会主义工业，

① 《毛泽东著作选读》（下册），人民出版社 1986 年版，第 704 页。

改造非社会主义工业，建立一个基本上完整的独立的工业体系，使我国的工业不但能够制造人民必需的工业品，而且能够制造社会主义扩大再生产所需要的各种机器设备，同时为农业的机械化创造条件。这样，就使社会主义工业在整个国民经济中起着决定性的作用，并在工农业总产值中占据绝对优势，从而使我国由一个落后的农业国变成一个先进的工业国。党在过渡时期总路线的两翼是逐步实现国家对农业、手工业和资本主义工商业的社会主义改造。对个体农业和手工业实行社会主义改造，是我国生产力发展的客观要求。毛泽东强调指出："没有农业社会化，就没有全部的巩固的社会主义。农业社会化的步骤，必须和以国有企业为主体的强大的工业的发展相适应。"① 对资本主义工商业进行社会主义改造是当时国内的主要矛盾决定的。

党在过渡时期总路线的实质是逐步地改变生产关系，基本完成对生产资料私有制的社会主义改造，使生产资料的社会主义公有制即全民所有制和集体所有制成为我国社会的经济基础，而以在我国建立社会主义制度，推动社会的进步与发展为根本目的。党在过渡时期总路线的提出，表明毛泽东形成了社会生产力

① 《毛泽东选集》(第四卷)，人民出版社 1991 年版，第 1477 页。

的发展和社会生产关系的改造可以同步进行的新思路。过渡时期总路线的社会构想，显然是不同于新民主主义社会构想的一个新的社会发展模式，其中最突出的变化就是由将来生产力发展了以后的“突然转变论”变成了现今的“逐步过渡论”，认为从中华人民共和国的建立就开始了向社会主义的过渡，整个新民主主义时期就是向社会主义转变的过渡时期。

实际上，在党的七届二中全会上，根据毛泽东的主题报告，党中央提出了两个转变的思想，即在完成新民主主义任务以后，迅速地恢复和发展生产，对付国外帝国主义，使中国稳步地由农业国转变为工业国，由新民主主义国家转变为社会主义国家。这两个转变，一个是生产力方面的，一个是生产关系方面的，前者是后者的前提和基础，后者是前者的延伸和结果。过渡时期中的“一化”实际上是指的前一个转变，而“三改”就是指的后一个转变，因而新民主主义的社会构想与过渡时期总路线的构想在这一点上是一致的，只是由原来的先后实现两个转变，变为同时实现两个转变了，这里并没有改变他对马克思主义关于社会生产力与社会主义原则关系的正确观点。从这个意义上应当说，由新民主主义社会构想变为过渡时期总路线的构想，是毛泽东关于社会主义思想的进一步发展。

2. 三大改造的实现途径

毛泽东从中国的实际出发，依据新民主主义革命胜利所创造的向社会主义过渡的政治经济条件，运用马克思主义关于社会主义革命的学说和列宁过渡时期的理论，制定了进行社会主义革命的路线、方针和政策，在我国顺利地实现了对生产资料私有制的社会主义改造。从理论和实践上解决了在中国这样一个人口众多、经济文化落后的大国中建立社会主义制度的问题，找到了一条适合中国国情的社会主义改造道路。

农业的社会主义改造，是遵循自愿互利、典型示范和国家帮助的原则，通过引导个体农民走互助合作的道路逐步实现的，一般经过农业生产互助组、初级社和高级社这样几个阶段。早在战争年代，各根据地和解放区就已出现农业劳动互助组，其特点是合用耕畜、集体劳动、各自经营。新中国成立后，互助组有了更广泛的发展。从 1953 年开始，以土地入股、统一经营为特点的初级农业生产合作社大量发展起来。1955 年夏季，开始试办高级农业生产合作社，其特点是耕畜农具作价归公，劳动产品按劳分配，其性质是社会主义的集体所有制经济。1956 年农业合作化的步伐大大加快，至此，基本实现了农业的合作化。

手工业的社会主义改造，是通过引导个体手工业者走合作化道路实现的。新中国成立初期，手工业在我国工业生产中占有相当重要的地位，对个体手工业的改造一般经过供销小组、供销合作社和生产合作社这样几个阶段。在农业合作化高潮推动下，手工业也出现合作化高潮。到 1956 年年底，个体手工业基本上实现了合作化。

资本主义工商业的社会主义改造，通过发展国家资本主义并对民族资本实行赎买政策而获得成功。毛泽东科学地分析了我国资本主义经济的特点，把我国的资本主义划分为官僚资本和民族资本两个不同的部分，并制定了不同的政策。对官僚资本采取无偿没收的政策，对民族资本则实行利用、限制和改造的政策，对资本家采取“团结、教育、改造”的方针，从而逐步地改造了资本主义私有制和消灭了资产阶级。对资本主义工商业实行和平赎买的政策。在赎买的形式上经过了从加工费、货价到“四马分肥”再到定息的过程。我国对资本主义工商业的“和平赎买”，是一场特殊形式的阶级斗争，即通过适合我国条件的各种从低级到高级的国家资本主义形式，改造资本主义所有制。到 1956 年年底，全国资本主义工商业基本上实现了社会主义改造。

3. 社会主义改造道路的特点

社会主义革命理论是毛泽东思想科学体系的重要组成部分。在这一理论的指导下，我国成功地走出一条具有中国特色的社会主义改造道路。它具有显著的特点：

第一，在处理社会主义建设和社会主义革命的关系问题上，同时并举。党在过渡时期的总路线，就是一条社会主义建设与社会主义改造同时并举的总路线。“一化三改”、“一体两翼”的总路线，对“一化”这个主体来说，“三改”犹如鸟之两翼，车之两轮。主体和两翼是一个完整的不可分割的整体，没有主体就不能带动两翼，没有两翼，主体也不能腾飞。“化”与“改”之间，这一“改”与那一“改”之间，互相联系，互相促进，互相制约，体现了发展生产力和变革生产关系的有机统一，体现了革命和建设的同时并举。

第二，在对资本主义工商业的社会主义改造方面，其特点表现在：一是用赎买政策，通过和平改造的方法变资本主义经济为社会主义经济，实现了马克思、恩格斯、列宁提出但未能实现的设想；二是创造了从低级到高级过渡的各种国家资本主义形式；三是改造企业和改造人相结合，达到互相促进。

第三，在对农业、手工业的社会主义改造方面，其特点表现在：一是从我国实际出发，在土地改革基础上，不失时机地引导农民组织起来，使农业合作化与社会主义工业化的发展相适应；二是创造了逐步过渡的形式；三是在合作化中实行了正确的阶级政策，创造性地解决了在农业社会主义改造中依靠多数的问题。

4. 社会主义改造的丰硕成果

就社会主义改造本身来说，中国共产党作出了举世公认的独特创造，在领导中国社会主义改造的过程中，发展了马克思主义理论，深化了社会主义实践。马克思、恩格斯、列宁曾设想用和平的方法，用“赎买”的方式来消灭资本主义和实行社会主义改造，但都没有成功。毛泽东根据对中国民族资产阶级两重性的分析，吸取和总结了全党的经验，争得民主党派的合作，在对中国资本主义工商业实行社会主义改造时，以“利用、限制、改造”的政策为指导，通过加工订货、统购包销、收购产品、公私合营，在一定时期内付给资本家一定的定息的国家资本主义形式，实现了“和平赎买”的设想。在对个体农业和手工业的社会主义改造中则坚持了自愿的原则，提出了我国农业合作化由互助组到初级社，再到高级社逐步过渡的形式和步骤。

毛泽东还在研究列宁“新经济政策”的基础上，揭示、阐发了三大改造之间的内在关系。他认为，通过对资本主义工商业的社会主义改造，可以增加工业品支援发展农业合作化和巩固工农联盟，又可以使国家取得粮食和工业原料，使得资本家要想获得原料，就得把工业品拿出来卖给国家，就得搞国家资本主义；对资本主义工商业实行社会主义改造，还可以使国家有能力帮助手工业实现机械化，提高劳动生产率；手工业的合作化又会增强其为农业服务的能力。这一切都是毛泽东对科学社会主义理论的重大贡献。

从中国社会发展的角度看，中国社会主义改造的积极意义，还在于它对于巩固新生的人民民主专政的国家政权起了巨大的作用，为后来乃至今天的社会主义经济建设在制度上奠定了基础，避免了资本主义的歧途，在经济文化都很落后的情况下坚持了社会主义发展方向。

到 1956 年年底，我国基本完成了对农业、手工业和资本主义工商业的社会主义改造。意义为以下两点：一是在一个几亿人口的大国，完成了消灭私有制这样一个深刻而复杂的社会变革，不但没有造成生产力的破坏，而且实现了国民经济的稳定发展；二是没有引起巨大的社会震荡，而是极大地加强了人民的团结，它是在人民基本上普遍拥护的情况下完成的，这是一个伟大的历史性胜利。

社会主义改造的胜利，使中国的生产资料所有制结构发生了根本性变化，公有制经济已经占据了绝对优势。这表明，社会主义经济已成为国民经济的主体经济成分，社会主义经济制度已经在我国建立起来，中国已经从新民主主义社会进入到社会主义社会初级阶段。这是我国历史上最深刻最伟大的社会变革，是新中国历史发展中一个重要的里程碑，也是 20 世纪中国第二次历史性巨大变革的重要标志。这也正如中共八大所指出的那样：由于我国社会主义改造取得了决定性的胜利，我国无产阶级同资产阶级的矛盾已基本解决，几千年来的阶级剥削的历史已经基本结束，社会主义的社会制度在我国已经基本上建立起来了。社会主义制度的建立，是我国新民主主义革命和新民主主义社会发展的必然结果，也是中国人民唯一正确的选择。

总之，中国共产党通过一系列从低级到高级逐步过渡的形式，用和平的方法改造个体农业、手工业和资本主义工商业，在实践中创造性地开辟了一条适合中国特点的社会主义改造道路，并在历史上第一次实现了马克思和列宁关于对资产阶级“和平赎买”的设想，以新的思想丰富了马克思主义的科学社会主义理论。

二、中国社会主义建设道路的初步探索

随着社会主义改造的胜利完成和社会主义制度的最终确立，一个全新的课题摆在中国共产党和中国人民面前：中国的社会主义建设应选择什么样的道路？在中国这样一个经济文化比较落后的国家，建设社会主义是一项崭新的事业，照抄苏联模式尽管在当时有必要也有成效，但对社会主义现代化建设事业炽热的感情，对实现中国现代化目标的神圣使命感和现实责任感，加上曾经成功地开辟了有中国特色的革命胜利道路的自信，都使以毛泽东为代表的中共领导人，在主观上具备了探索适合中国国情的现代化建设新路的动机。1956 年 2 月召开的苏共二十大斯大林的全盘否定，无异于一场地震，在社会主义国家和工人阶级政党中引起相当大的混乱。随着苏联模式弊端的逐渐显露，我国国内也出现了风潮。要解决这些矛盾和问题，必须以苏为鉴，探索新路。正是在这种国际国内的大背景下，中国开始了对适合中国国情的社会主义建设道路的艰辛探索。

（一）在社会主义经济建设上，走中国式的工业化道路

新中国成立伊始，我国急于改变贫穷落后面貌，变农业国为工业国，在被美国包围封锁的困境里，进行大规模的经济建设，只能借助社会主义国家苏联的援助，按优先发展重工业的模式走社会主义工业化之路。1956 年掀起国民经济第一个五年计划建设高潮，各族人民劳动热情高涨，党和国家领导人十分关注经济建设中刚刚显露出的矛盾和问题，并进行了切实的大规模的调查研究工作。鉴于苏联在突出重视优先发展重工业的同时，严重忽视轻工业和农业，暴露出粮食和生活日用品短缺，以及和农民关系紧张的经验教训，我国虽然没有发生像苏联那样的严重问题，但也

需引以为戒。毛泽东在听取刘少奇关于经济建设工作情况汇报后，又亲自听取了中央 34 个部门的工作汇报，在认真调查研究基础上，于 1956 年 4 月在中央政治局（扩大）会议上发表《论十大关系》的重要讲话。讲话把调动一切积极因素，为社会主义服务作为我国社会主义建设的基本方针。翌年 2 月，毛泽东在最高国务会议上作了《关于正确处理人民内部矛盾的问题》报告。在报告的最后一部分专门提出了中国工业化道路问题，提出了工农业关系的思想。1962 年，根据毛泽东的思考，党中央正式确定以农业为基础、以工业为主导发展国民经济的总方针。综观党中央和毛泽东有关中国工业化道路的论述，其主要内容大致有以下几点：

第一，调动一切积极因素，为社会主义事业服务的总方针。毛泽东在《论十大关系》中，开宗明义地指出："提出这十个问题，都是围绕着一个基本方针，就是要把国内外一切积极因素调动起来，为社会主义事业服务。"从毛泽东的有关论述来看，他所提出的调动一切积极因素：一是主要调动占我国人口绝大多数的工人、农民、知识分子的积极性；二是利用反动势力，争取中间势力，化消极因素为积极因素；三是在对待国际上各种势力的问题上，一切可以团结的力量都要团结，不中立的可以争取为中立，反对的也可以分化和利用。一切积极因素，包括：人的因素，物的因素；经济因素，政治因素；党内的因素，党外的因素；国内的因素，国外的因素。只要把这些相互区别又相互联系的诸种因素进行合理配置，让人尽其才，物尽其用，发挥最大的效力，来为社会主义服务，那么，我们的社会主义建设就会像民主革命那样，甚至比民主革命还要快还要好地取得一个又一个的胜利。怎样才能真正地做到调动一切积极因素，为社会主义建设服务呢？毛泽东主张要从以下几个方面着手来调动一切积极因素。

其一，在经济层面上，要合理配置经济因素，发挥现有经济力量的最优效力。要调动一切积极因素为社会主义建设服务，首先要从宏观上对经济发展的布局进行合理安排，挖掘其潜力，发挥其最大作用。为此，他指出在经济上要处理好以下几种关系：一是重工业、轻工业和农业的关系，将这三者合理配置，使其相互促进，共同发展。重工业是我国建设的重点，因为没有重工业制造的机器，轻工业、农业也就没有生产工具，也就无法快速发展；但是要优先发展重工业，又不能只从重工业本身看问题，如果忽视了与重工业发展有密切联系的轻工业和农业的发展，就会达不到优先发展重工业的目的。相反，在一定的条件下，大力发展轻工业和农业，满足了人民生活的需要，积累了资金，扩大了工业品市场，从而为快速发展重工业提供了前提条件。二是沿海工业和内地工业的关系。由于长期处于半殖民地半封建社会，中国的经济发展极不平衡，近代工业多集中于沿海城市，内地工业十分落后。社会主义经济发展无疑要改变这种不平衡的工业发展布局，逐渐地发展内地工业作为重点，这也是合理的。但是，要发展内地工业，必须充分注重发展和利用沿海工业的现有基础，发挥沿海工业的技术优势、资金优势，以带动内地工业的发展。所以毛泽东指出，发展内地经济，就要重视沿海经济的发展，使二者相互促进。三是经济建设与国防建设的关系。中国的社会主义制度刚刚建立，还没有完全巩固，因此，建设强大的国防必须以强大的经济作后盾，绝不能把国防建设同经济建设对立起来。所以，毛泽东说，你要真想加强国防，就一定要首先加强经济建设。除此之外，在经济层面上，毛泽东还论述了生产与需要、积累与消费、中央工业与地方工业等许多经济关系，以发挥经济因素的相互促进作用。

其二，在政治层面上，要处理好各种政治关系，以服务于社会主义建设。毛泽东始终注意政治在社会主义时期对经济作用的特点。在《论十大关系》、《关于正确处理人民内部矛盾的问题》等一系列讲话和文件中，他多次谈到处理好各种政治关系，以调动一切积极因素的问题。这些关系包括汉族和少数民族的关系，党与非党的关系，革命与反革命的关系，是非关系以及与此相关的知识分子问题，工商业者问题等。他认为，在这些关系上，必须根据不同的情况，采取正确的方针政策，才能团结一切可以团结的力量，化消极因素为积极因素，达到调动一切积极因素为社会主义建设服务的目的。

其三，在文化层面上，要采取有效的文化政策，调动文化界的积极性，发挥文化对经济建设的积极作用。对此，毛泽东根据文化领域特有的发展规律，提出了“百花齐放，百家争鸣”的方针。

其四，在经济权益的层面上，要处理好各种利益关系。他特别提出要处理好国家、生产单位和生产者个人的关系。他说：“国家和工厂、合作社的关系，工厂、合作社和生产者个人的关系，这两种关系都要处理好。为此，就不能只顾一头，必须兼顾国家、集体和个人三个方面。”关于国家和生产单位的关系，他主张要给工厂以独立性。他说，把什么东西都集中到中央或省市，不给工厂一点权力，一点机动余地，一点利益，恐怕不妥，因此，原则上应该要保证各个生产单位都要有一个与统一性相联系的独立性，有一定的物质利益和经济权力，只有这样，才能调动企业的积极性。关于个人物质利益，他说，我们历来反对把个人物质利益看得高于一切，但这并不是反对关心群众生活。拿工人讲，工人的劳动生产率提高了，他们的劳动条件和集体福利就需要逐步有所改进。随着国民经济的发展，工资也需要适当调整。在合作社和农民问题上，我们也要兼顾国家和农民的利益，不能剥夺农民。在利益关系问题上，毛泽东还特别提出了要正确处理整体利益和局部利益的关系，以发挥中央和地方两个积极性的问题。

其五，在人员安置的层面上，要处理好各种复杂的关系，做到"统筹兼顾，适当安排"。上述各种因素，归根结底是人与人的关系问题。毛泽东指出：天上的空气，地上的森林，地下的宝藏，都是建设社会主义所需要的重要因素，而一切物质因素只有通过人的因素，才能加以开发利用。为此，毛泽东特别注意研究人的问题。1957 年 1 月，毛泽东在省市自治区党委书记会议上的讲话中讲道：我们的方针就是统筹兼顾，各得其所。包括把国民党留下来的军政人员都包下来，连跑到台湾去的也可以回来，对反革命分子，凡是不杀的，都加以改造，给生活出路。民主党派保留下来，长期共存，对它的成员给予安排。所有这些，都是统筹兼顾。这是一个什么方针呢？这是一个调动一切积极因素，以利于社会主义建设，为社会主义建设服务的战略方针。同年2月27日，在《关于正确处理人民内部矛盾的问题》的讲话中，他列专节讲了“统筹兼顾，适当安排”的问题，并着重指出，之所以要统筹兼顾、适当安排，就是为了“调动一切积极因素，团结一切可能团结的人，并且尽可能地将消极因素转变为积极因素，为建设社会主义社会这个伟大的事业服务”。

第二，重工业、轻工业、农业的发展关系问题。1957年2月，毛泽东在《关于正确处理人民内部矛盾的问题》报告中，明确提出中国工业化道路的思想。他所指的工业化道路，主要是指重工业、轻工业和农业的发展关系问题。优先发展重工业是苏联实施的工业化道路，因而人们都把它作为社会主义工业化的道路，以便与资本主义工业化道路区别开来。毛泽东以苏联为鉴戒，总结我国经验，以马克思主义理论勇气和大胆创新精神，解放思想，实事求是，明确指出，我国的经济建设在以重工业为中心的同时，必须充分注意发展农业和轻工业，提出发展农业和发展工业并举的主张。20世纪60年代初期，毛泽东在总结社会主义建设正反两方面经验教训基础上，明确提出以农业为基础，以工业为主导的重要思想。1962年，党中央根据毛泽东关于重工业同轻工业、农业关系的新认识，把“以农业为基础，以工业为主导”确定为发展国民经济总方针。这个方针的提出，表明以毛泽东为核心的第一代党中央领导集体找到了一条符合我国国情的社会主义工业化道路，突破了那种把优先发展重工业作为社会主义工业化道路标志的传统观念，从而为进一步探索中国特色社会主义现代化建设道路提供了宝贵经验。

以农业为基础主要是因为我国是世界上人口最多的农业大国，农村人口占全国人口的80%以上，只有依靠自己的力量发展农业才能解决众多百姓的生存问题。农业是轻工业原料的主要来源和主要市场；农业是发展重工业的重要资金来源，农业的发展可为重工业扩大积累，同时也是重工业的重要市场，农业的发展需要大批的农机物资，可为重工业提供广阔市场。可见，“我们现在发展重工业可以有两种办法，一种是少发展一些农业和轻工业，一种是多发展一些农业和轻工业。从长远观点来看，前一种办法会使重工业发展得少些和慢些，至少基础不那么稳固，几十年后算总账是划不来的。后一种办法会使重工业发展得多些和快些，而且保障了人民生活的需要，会使它发展的基础更加稳固”。①

以工业为主导主要是因为工业是实现社会主义工业化的主体部分，是以其生产具有创造性、发明性和社会化的特点而成为先进生产力和先进生产方式的代表。工业的主导作用，实质上是工业特别是重工业对国民生计的支撑、改造和引导作用，体现了工业在整个国民经济中的带动作用。具体体现在工业尤其是重工业为国民经济其他部门包括轻工业、农业、交通输送新的技术装备，提供能源和原材料，起输送血液支撑其生命力的作用。

为了贯彻以农业为基础、以工业为主导的发展国民经济总方针，毛泽东提出以农业轻重为序安排国民经济计划。这种安排是“以农业为基础、以工业为主导”的国民经济发展总方针在工作上的落实和具体体现。即安排国民经济计划必须从发展农业出发，在资金、物资、劳动力的分配方面，首先考虑农业，再考虑轻工业，然后根据轻工业的情况安排重工业。而重工业的安排，又必须首先考虑同农业有关部门和行业的协调。

---

① 《毛泽东著作选读》（下册），人民出版社 1986 年版，第 722～723 页。

以毛泽东为核心的第一代中央领导集体提出的中国社会主义工业化道路的发展战略，是对马列主义社会主义工业化思想的创造性发展，也是对苏联工业化道路传统模式的突破。马克思、恩格斯创立科学社会主义时，西方已经实现了资本主义工业化，不再存在社会主义工业化问题，因此他们没有这方面的论述。列宁、斯大林在十月革命胜利后，把工业化作为巩固和发展社会主义的物质基础，而工业化特别是重工业的资金积累只能依靠本国的节约和农业、轻工业的积累，反对资本主义靠掠夺殖民地的办法积累资金。其工业化道路主要把优先发展重工业放在压倒一切的首位。中国则既重视发挥工业在发展国民经济中的主导作用，特别是重工业，是建立独立完整的国民经济体系和工业体系，摆脱半殖民地经济的物质基础；同时又从长远考虑，把重工业发展建立在稳定的基础上，强调了农业的基础地位，以农、轻、重为序安排国民经济计划。工业化的标志，不再像斯大林那样单纯以工业占国民经济中的百分比为准，更强调建立独立完整的国民经济体系和工业体系。中国化道路思想之所以正确，最根本的是由于它完全是从中国特殊国情出发，借鉴苏联、总结我国社会主义建设经验得出的科学结论。

（二）在社会主义民主政治建设的问题上，健全社会主义法制

随着我国社会主义改造的完成，进一步加强社会主义民主的任务也突出起来。毛泽东在《一九五七年夏季的形势》中指出："我们的目标是想造成一个又有集中又有民生，又有纪律又有自由，又有统一意志又有个人心情舒畅、生动活泼，那样一种政治局面，以利于社会主义革命和社会主义建设。"对这种生动活泼的政治局面的期望和构想，显然是为了避免苏联等社会主义国家由于在政治上不够民主而导致的各种社会问题，同时也是我国社会主义改造完成后，对在新的经济基础上建立新的政治上层建筑的合乎逻辑的设想。如何扩大民主呢？党的八大指出："必须认真改善国家机关、精简机构，提倡调查研究，同时加强党对国家机关的领导和监督。加强各级人民代表大会对各级政府的监督，充分发挥国家监察机关的作用，加强人民群众和国家机关中下级工作人员对国家机关的监督。加强同一切民主党派和民主爱国人士以及海

外华侨的联系，扩大人民民主统一战线，加强和完善人民代表大会制度。”

（三）在社会主义思想文化建设方面，“百花齐放，百家争鸣”

1956 年 4 月 28 日，毛泽东在中央政治局扩大会议上指出，“百花齐放，百家争鸣”，应该成为我们的方针，这是两千年前人民的意见。艺术问题上百花齐放，学术问题上百家争鸣，其目的是繁荣促进科学文化。1957 年 2 月 27 日，毛泽东作了《关于正确处理人民内部矛盾的问题》的讲话，对“双百”方针作了进一步的论述。1957 年 3 月 27 日，毛泽东在《在中国共产党宣传工作会议上的讲话》中又将“双百”方针推而广之，作为领导国家的基本方针。他指出这个方针不但是使科学和艺术发展的好方法，也是我们进行一切工作的好方法。1956 年 2 月，毛泽东得知一位苏联学者对他在《新民主主义论》中关于孙中山的世界观的论点有不同看法时，指出：“我认为这种自由谈论，不应当去禁止。这是对学术思想的不同意见，什么人都可以谈论，无所谓损害威信……如果国内对此类学术问题和任何领导人有不同意见，也不应加以禁止。如果企图禁止，那是完全错误的。”① 1956年8月，毛泽东同音乐工作者谈话，较为集中地论述了中国艺术的发展问题。指出，文化上对外国的东西一概排斥，或者全盘吸收，都是错误的。还是以中国艺术为基础，吸收一些外国的东西进行自己的创造为好。外国有用的东西都要学到，用以改进和发扬中国的东西，创造中国独特的新东西。

总之，这一时期毛泽东对中国社会主义经济、政治和文化建设的富有新意的探索，以及这些探索得出的深刻创见，突出地反映了中国共产党和毛泽东在这个时期思想的务实活跃和开放，并构成一幅中国社会主义的美好蓝图。这一蓝图既务实又创新，既紧迫又不急躁，既雄心勃勃又脚踏实地。而且，这时的中国共产党的领导集体已经在领导经济建设方面积累了不少经验，他们已经能够把毛泽东业已提炼出的新民主主义革命时期那些具有普遍性的成功经验，娴熟地运用于新的社会主义建设事业之中了。正是在党和毛泽东的可贵的探索之中，国家的各项事业呈现出有条不紊、蒸蒸日上的景象。

---

① 《毛泽东书信选集》，人民出版社1983年版，第510页。

（四）二十年的探索在理论上取得的丰硕成果

第一，奠定了中国社会主义建设的理论基础。毛泽东关于社会主义社会基本矛盾和正确处理人民内部矛盾的学说，是我国社会主义建设的理论基础。毛泽东第一次提出了社会主义社会仍然存在社会基本矛盾这一重要观点。在很长一段时间里，斯大林及苏联理论界，认为社会主义社会是没有矛盾的，认为社会主义既然消灭了剥削制度，阶级对抗就结束了，全体人民的团结一致是社会主义社会的基本特征和取得社会进步的重要保证，甚至是社会发展的动力。毛泽东以彻底的历史唯物主义者的立场，批评了斯大林对这一问题的形而上学和混乱的认识，不仅提出了生产力与生产关系、经济基础与上层建筑的矛盾仍然是社会主义社会的基本矛盾，只是“同旧社会的生产关系和生产力的矛盾、上层建筑和经济基础的矛盾，具有根本不同的性质和情况罢了”，而且还具体分析了这个矛盾产生的原因、矛盾的性质、矛盾的表现、矛盾的诸方面情况及解决的方法。在基本矛盾理论的指导下，毛泽东提出了正确区分和处理人民内部矛盾的重要性，以及正确处理人民内部矛盾的一系列方针、政策和方法。这些理论对社会主义社会的稳定和发展，具有十分重大的意义，并成为社会主义改革和经济、政治、文化建设的重要理论依据。

第二，提出了社会主义分为“不发达的”和“比较发达的”两个阶段的思想。在 1959 年年底到 1960 年年初的读书活动中，毛泽东对社会主义的发展阶段以及我国所处历史方位，进行了进一步的思考，提出了新的重要见解。他明确提出，要通过生产力与人民富裕程度的定量考察来研究建成社会主义的“边”，即阶段特征问题。根据这样的标准，他认为，社会主义可以分成两个阶段，第一个阶段是不发达的社会主义，第二个阶段是比较发达的社会主义。后一阶段可能比前一阶段需要更长的时间；经过后一阶段，到了物质产品、精神财富都极为丰富和人们的共产主义觉悟极大提高的时候，就可以进入共产主义社会了。这种把社会主义社会分为两阶段的思想，无疑是一种创见。丰富和发展了马克思、列宁的社会主义发展阶段理论，是他在三大改造刚刚结束时所提出的，区分建立起社会主义制度与建成社会主义社会两个不同阶段思想的基础上，认识的进一步深化和发展。在提出上面思想的同时，还特别提出了我国现在处于“不发达的社会主义阶段”的重要观点。这些观点，不但在实践上具有重大指导意义，而且在理论上是一个巨大的创造，为党在后来形成社会主义初级阶段理论提供了重要依据。

第三，规划了四个现代化的宏伟目标。20 世纪 50 年代中期至 60 年代初期，毛泽东关于我国经济发展战略思想有两个明显的变化。一是我国经济发展的战略目标，由单纯的工业化变为实现工业、农业、科学技术和国防四个方面的现代化。二是我国经济发展战略的速度和时间，由急躁冒进、急于求成的超高速经济发展战略，调整为适合中国国情特点的百年发展战略。1962 年，毛泽东在总结 1958 年到 1962 年急躁冒进和“共产风”的教训时强调，在我国建设强大的社会主义经济要把时间想长一点是有许多好处的，设想太短了反而有害。他说：“中国的人口多，底子薄，经济落后，要使生产力很大地发展起来，要赶上和超过世界上最先进的资本主义国家，没有 100 多年的时间，我看是不行的。”他还告诫全党同志：“我劝同志们宁肯把困难想得多一点，因而把时间设想得长一点。三百几十年建设了强大的资本主义经济，在我国，五十年内外到一百年内外，建设起强大的社会主义经济，那又有什么不好呢?”[①] 很显然，在这里，毛泽东已经萌发了用 100 年时间走完西方发达资本主义国家 300 多年路程的战略构想，这无疑是个宝贵的见解。

第四，提出了发展社会主义商品生产和商品交换的理论。毛泽东在吸取“共产风”的教训时，比较早地提出了在我国经济落后的条件下，必须大力发展商品生产和商品交换的问题。其一，他批评陈伯达等人主张废除商品和货币的极“左”错误，强调中国需要有一个发展商品生产的阶段。并且深刻地指出，现在如果废除商品生产和商品交换，就是剥夺农民。他说：中华人民共和国成立以后一直到社会主义改造完成以前，我们利用商品生产和商品交换来团结几亿农民；在社会主义改造完成以后，我们还要利用商品生产和商品交换来团结 5 亿农民。如果不实行商品交换，把陕西的核桃拿来吃，一个钱不给，陕西的农民干吗？你如果这样做，马上就要打破脑袋。这样做，就是剥夺农民。其二，毛泽东批评了那种把商品生产和资本主义混为一谈的错误观点。他认为商品生产不

① 《毛泽东著作选读》（下册），人民出版社 1986 年版，第 827 页。

是孤立的，看它同什么联系，是同资本主义还是社会主义联系。只有国内存在着资本家剥削雇佣工人的制度，商品生产才会引导到资本主义。在社会主义条件下，在商品生产和商品流通中占统治地位的是全民所有制经济和集体经济，商品生产和商品交换是有计划进行的，它不会导致资本主义。其三，毛泽东纠正了斯大林在《苏联社会主义经济问题》一书中说的，商品生产只限于生活资料的观点。他明确指出，商品生产的活动不限于个人消费品，有些生产资料也是属于商品的，如农业生产资料。其四，毛泽东阐明了在社会主义条件下商品生产和商品交换的积极作用，认为它可以增加社会财富，满足人们的物质文化需要；可以提高人们的文化水平；可以增加人们的货币收入，实现富裕的目标；可以开展对外贸易，加强对外经济联系。当然，毛泽东也主张对商品生产的消极作用加以限制。其五，毛泽东还提出“价值规律”是一个伟大的学校，只有利用它才有可能教会我们的几千万干部和几万万人民，才有可能建设我们的社会主义和共产主义，否则一切都不可能。[1] 这些重要的观点和思想表明，毛泽东已经初步涉及了社会主义商品经济

① 《建国以来毛泽东文稿》（第八册），中央文献出版社 1993 年版，第 172 页。

问题。

第五，确立了自力更生为主，争取外援为辅的方针。毛泽东认为，在社会主义建设中，只有把我们的立足点放在依靠自己力量的基点上，才能最大限度地动员群众，组织群众，才能不受制于人，始终立于不败之地。同时，他又提出了“向外国学习”的口号。强调每个民族都有它的长处，也有它的短处，向外国学习可以扬长避短。在学习外国的东西时，要贯彻“洋为中用”的原则，要有分析、有批判地学，要防止盲目排外和机械照搬的错误倾向。

（五）二十年的探索在实践上取得的辉煌成就

第一，在旧中国遗留下来的“一穷二白”的基础上，经过二十年的探索和建设，特别是第一个五年计划期间，独立的比较完整的工业体系和国民经济体系逐步建立起来了。1978 年同新中国成立时相比，全国粮食产量增长 1.7 倍，棉花产量增长 3.9 倍。工业生产能力大幅度提高，新建和扩建了大批重要企业，如包头、武汉钢铁基地、鞍山钢铁基地和攀枝花钢铁基地。许多新的工业部门从无到有，从小到大地发展起来。特别是石油工业实现了消费原油和石油产品的自给，这对于保证我国独立自主地发展经济、巩固国防，具有重要而深远的意义。工业的地理布局大为改观，不但原有的沿海工业基地得到了进一步的加强，而且广大内地和边疆各省、自治区也都新建了不同规模的现代工业，少数民族地区的现代工业也有了很大发展。交通运输业有相当大的发展。建成了众多的铁路干线，使闽、宁、青、新四省区第一次通了火车，实现了除西藏外各省区都有铁路的目标，运输情况大为改善。科学技术方面取得了卓越成就。首次人工合成牛胰岛素结晶，在世界上处于领先地位，得到国际科学界的高度评价，原子弹、氢弹、导弹的试验成功，人造地球卫星的发射和回收，集中反映了我国科学技术当时所达到的新水平，打破了美苏的核垄断，提高了国防能力。有了这样独立的比较完整的工业体系和国民经济体系，为以后社会主义现代化建设的全面推进创造了重要的物质技术基础。

第二，在极其严峻、复杂的国际形势下，战胜了外国侵略势力对我国的孤立封锁，干涉和挑衅，维护了国家独立和尊严，打开了外交工作的新局面，为以后的对外开放提供了良好的条件。这期间，我国政府和人民坚决反对帝国主义和新老殖民主义，维护世界和平和国际正义，支持各国人民争取国家独立民族解放的斗争，联合世界上进步力量共同反对超级大国的霸权主义和战争威胁，使我国的国际地位空前提高。1971 年，我们进入联合国，恢复了合法席位，包括美国、日本等在内的许多国家是在这期间同我国恢复正常关系的，这无疑为后来进一步扩大对外开放奠定了良好的基础。

第三，二十年的探索，培养了一大批进行社会主义现代化经济文化建设的骨干力量。这一期间，尽管社会主义经济建设经历了一些磨难，但是，一大批经济文化建设的人才在挫折中经受了考验，吸取了成功的经验和失败的教训，增长了才干，成为新时期进行社会主义现代化建设的难得的财富。

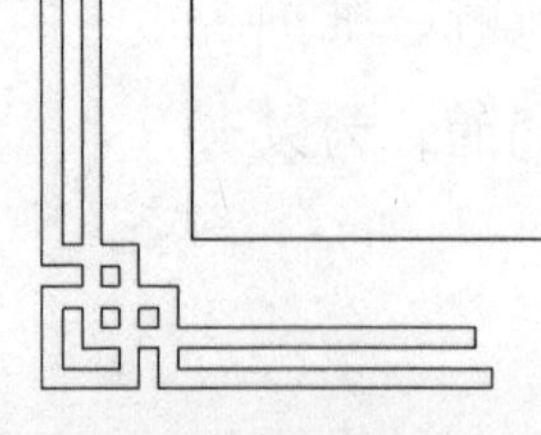

三、中国特色社会主义道路的不断开拓

（一）伟大的历史转折与中国特色社会主义道路的开辟

1978 年，具有深远意义的十一届三中全会的胜利召开，标志着中国进入了改革开放的历史新时期，揭开了中国特色社会主义道路的序幕。

1. 伟大的历史转折和改革开放的起步

1978 年 12 月，党的十一届三中全会在党和国家面临向何处去的重大历史关头胜利召开。大会主要作出了具有历史转折意义的四方面战略决定：一是彻底否定了“文化大革命”及其错误理论，全面恢复和重新确立了实事求是的思想路线。二是停止使用“以阶级斗争为纲”的口号，作出了党和国家工作重点转移到社会主义现代化建设上来的重大决定。三是顺应了时代发展要求和人民愿望，勇敢作出了改革开放的重大战略决策。四是提出了加强民主法制的决定。三中全会作出的这些重大决定改变了党的命运，改变了国家的命运，改变了中国人民的命运。从此，中国发生了历史性巨变。

党在进行全面拨乱反正的同时，改革开放也由此起步。1978 年，安徽、甘肃、四川等地率先起来改革，突破人民公社的僵化体制的束缚，实行家庭联产承包责任制。在邓小平等一些党中央领导人的肯定和支持下，家庭联产承包责任制迅速在全国发展起来。家庭联产承包责任制调动了亿万农民的社会主义积极性、创造性，使我国农村经济获得了突破性的进展。

农村改革有力地推动了城市改革和对外开放。城市改革是从四川国营企业放权试点开始，计划经济体制逐步“松绑”，给企业以自主权。到 1981 年年底，国民经济调整取得了很大成就。农、轻、重的比例基本趋于合理，积累与消费关系有了很大改善，国民经济已经渡过最困难时期，走上了稳步发展的健康轨道，为后来的全面改革和经济腾飞打下了良好基础。至此，经过四年左右的时间，到党的十二大，“我们已经在指导思想上完成了拨乱反正的艰巨任务，在各条战线的实际工作中取得了拨乱反正的重大胜利，实现了历史性的伟大转变”，为中国特色社会主义道路的开辟创造了前提条件。正如邓小平所指出的：“从十一届三中全会到十二大，我们打开了一条一心一意搞建设的新路。”

2. 中国特色社会主义道路命题的提出与改革开放的全面展开

从 1982 年党的十二大开始，以邓小平为核心的第二代中央领导集体，围绕“建设有中国特色的社会主义”这一改革开放的主题，对中国特色社会主义建设开始进入自觉的探索时期。

1982 年 9 月 1 日，中国共产党召开了党的第十二次全国代表大会。这次大会是改革开放后党的第一次全国代表大会，也是新中国成立以来一次具有重要意义的代表大会。十二大系统总结了三中全会以来党的拨乱反正工作，制定了全面开创社会主义现代化建设新局面的纲领和各项方针政策，表明我们党完成了历史性伟大转变，特别是大会提出了“把马克思主义的普遍真理同我国的具体实际结合起来，走自己的道路，建设有中国特色的社会主义”的命题，标志着我们党开始自觉探索中国特色社会主义道路。

在深刻总结我国革命和社会主义建设成功与挫折历史经验的基础上，邓小平提出“走自己的路，建设有中国特色的社会主义”这一世界社会主义运动史和我国社会主义建设史上崭新的科学命题，命题的提出为建设社会主义新道路指明了方向。

十二大以后，改革开始在全国范围内展开，呈现波澜壮阔之势，迅速从农村扩展到城市。为了适应改革从农村向城市发展的新形势，1984 年 10 月，十二届三中全会通过了《中共中央关于经济体制改革的决定》(以下简称《决定》)。《决定》的最大亮点是明确提出社会主义经济新的理念和模式，指出我国社会主义经济是公有制基础上的有计划商品经济，开始突破把计划经济同商品经济对立起来的传统观念，为全面推动经济体制改革，以及后来确立社会主义市场经济体制的目标模式提供了思想先导。《决定》是在改革开放以来经济体制改革经验基础上，在计划与市场问题上取得的新的重大突破，标志着经济体制改革进入了一个新阶段。

随着城乡经济体制改革的逐步展开，改革的范围也从经济领域延伸到科技、教育等各方面。1985 年 3 月，中共中央作出了《关于科学技术体制改革的决定》，针对长期以来逐步形成的科学技术体制存在的严重弊端，提出“应当按照经济建设必须依靠科学技术、科学技术工作必须面向经济建设的战略方针，尊重科学技术发展规律，从我国的实际出发，对科学技术体制进行坚决的有步骤的改革”。同年 5 月，中共中央又作出了《关于教育体制改革的决定》，提出“在加强宏观管理的同时，坚决实行简政放权，扩大学校的办学自主权；调整教育结构，相应地改革劳动人事制度。还要改革同社会主义现代化不相适应的教育思想、教育内容、教育方法”，满足社会主义现代化建设的迫切需要。科技、教育体制改革的实施，表明我国改革已逐步深入，科技体制和教育体制的改革，充分调动了广大教育科技人员的积极性，极大解放了生产力，有利推动了经济体制改革，促进了经济和社会发展。

十二大以后，对外开放也取得重大进展。1982 年后特区发展踌躇不前，邓小平在视察了深圳、珠海、厦门等经济特区后，得出明确结论：“深圳的发展和经验证明，我们建立经济特区的政策是正确的。”

他回到北京后又对中央领导人强调说："我们建立经济特区，实行开放政策，有个指导思想要明确，就是不是收，而是放。"在邓小平的有力推动下，同年5月中央开放了大连、天津等十四个沿海开放港口。这是扩大对外开放的一个重大步骤。翌年2月，中央决定再将长江三角洲、珠江三角洲、闽东南地区和环渤海湾地区开辟为沿海经济开放区。这是扩大对外开放的又一重大步骤。这样，我们对外开放经过一段曲折后，一连迈出了几大步，初步形成了经济特区—沿海开放城市—沿海经济开放区—内陆城市，这样一个逐步推进的开放格局。

3. 社会主义初级阶段基本路线的形成与中国特色社会主义道路的成功开辟

党的十三大以后，随着改革开放的逐步深入，新体制的活力不断显现，改革开放取得了重大成绩。同时，新旧体制的矛盾日益加深，一些问题也逐步暴露出来，影响和干扰了改革开放和社会主义现代化建设的进程。在这关键时刻，中共中央明确提出了坚持"一个中心，两个基本点"和十一届三中全会以来的方针政策不动摇，既反"左"，又反右，不断深化改革，从而成功开辟出具有中国特色的社会主义现代化道路。

1987 年 10 月，在改革开放和社会主义现代化建设取得重大成就的基础上，党的十三大胜利召开。大会最突出的贡献是全面阐述了我国所处的历史方位，明确指出我国正处在社会主义的初级阶段。社会主义初级阶段理论构成了我们今天社会主义建设的理论基石，我们的改革开放政策就是建立在对国情的这一判断基础上的。

十三大报告在阐述社会主义初级阶段科学论断的同时，提出了党在社会主义初级阶段的基本路线："领导和团结全国各族人民，以经济建设为中心，坚持四项基本原则，坚持改革开放，自力更生，艰苦创业，为把我国建设成为富强、民主、文明的社会主义现代化国家而奋斗。"这条基本路线是在深刻总结新中国成立以来社会主义建设正反两方面的历史经验，特别是改革开放以来新鲜经验的基础上逐步形成的。

十三大在全面阐述基本路线的同时，还明确概括了中国特色社会主义的理论轮廓，提出了建设有中国特色社会主义道路的十二个观点。这些观点，构成了建设有中国特色的社会主义理论的轮廓，初步回答了我国社会主义建设的阶段、任务、动力、条件、布局和国际环境等基本问题，规划了我们前进的科学轨道。除此之外，十三大还制定了"三步走"的经济发展战略，进一步明确了经济体制改革和政治体制改革的行动纲领。十三大第一次比较系统地回答了在中国这样经济文化比较落后的国家如何建设社会主义、如何巩固和发展社会主义的一系列基本问题，表明了我们党对开辟中国特色社会主义道路在理性认识上升华到新高度、新水平。

十三大以后的五年，党团结和领导全国各族人民，在国际国内风云变幻的复杂情况下，克服种种困难，坚定不移地沿着中国特色社会主义道路继续前进，完成了“三步走”的第一步战略目标，实现了社会稳定、政治稳定和经济发展。党的十四大的召开，标志着中国特色社会主义道路已经成功开辟出来，我国改革开放和现代化建设事业开始进入了一个新的历史阶段。回顾中国特色社会主义道路艰辛开辟的十三年的历史过程，就是解放思想，改革创新的过程；就是马克思主义中国化第二次历史性飞跃的过程；就是坚持“一个中心，两个基本点”排除“左”的、右的干扰的过程；就是经济体制由计划经济发展到有计划的商品经济再发展到社会主义市场经济体制的过程；就是中国特色社会主义道路从实现伟大历史转折揭开序幕到迈出实质性步伐再到成功开辟的过程。这一过程与党的基本路线的提出和确立的过程是统一的，它既是在社会主义建设实践中党的基本路线逐步形成和确立的过程，也是中国特色社会主义道路在基本路线的指引下逐步明确和成功开辟的过程。

（二）社会主义市场经济体制的初步建立与中国特色社会主义道路的拓展

从党的十四大到党的十六大，这是中国特色社会主义道路深化拓展的历史阶段。党的十四大以后，我国改革开放和现代化建设事业进入了新的历史阶段。

1. 社会主义市场经济体制目标的确立与改革步伐的加快

1992 年 10 月 12～18 日，中国共产党第十四次全国代表大会在北京召开。大会作出了三项具有深远意义的决策：一是抓住机遇，加快发展；二是明确提出我国经济体制改革的目标是建立社会主义市场经济体制；三是确立邓小平建设有中国特色社会主义理论在全党的指导地位。特别是社会主义市场经济体制改革目标的提出，这是我国经济体制改革在理论和实践上的重大突破，它解决了一个关系社会主义经济建设全局性、方向性的重大问题，成为中国特色社会主义经济理论的核心内容，也是中国特色社会主义道路和中国特色社会主义理论体系的重要支柱。社会主义市场经济理论的提出，是十一届三中全会以来推行经济体制改革过程中理论和实践发展的必然结果。从计划经济到商品经济，再从商品经济到市场经济，理论的演进轨迹，是与改革实践的不断拓展相辅相成的。我国的经济体制改革一开始就是以市场化为导向的，同时也伴随着激烈争论。但是，经济体制改革的实践，冲破了理论框框的束缚，而理论的每一次重大发展，又加快推进了改革实践的步伐。在理论与实践的双重互动下，党最终确立了建立社会主义市场经济体制的改革目标。

以党的十四大提出建立社会主义市场经济体制为标志，我国改革开放和现代化建设事业进入了一个新的历史发展阶段。之后，经济体制全面向市场转轨，改革举措由过去的小步推进、单项实施变为整体推进、综合配套改革。1993 年八届全国人大一次会议将《宪法》第十五条修改为："国家实行社会主义市场经济。"1993 年 11 月，党的十四届三中全会通过的《中共中央关于社会主义市场经济若干问题的决定》，进一步勾画了建立社会主义市场经济体制的总体蓝图和基本框架。1997 年 9 月，党的十五大对社会主义初级阶段的所有制理论进行了创新和发展，第一次系统阐述了公有制实现形式多样化的理论，肯定非公有制经济是社会主义市场经济的重要组成部分，回答了有关社会主义市场经济的一系列重大问题。这些具有突破性的新理论、新思想、新观点把社会主义市场经济理论又向前推进了一步。

对外开放进入新阶段。十四大之后，随着上海浦东的开放，掀起了新一轮对外开放大潮，在全国范围内基本形成了“经济特区—沿海开放城市—沿海经济开放区—沿江和内陆开放城市—沿边开放城市”的全方位、多层次、宽领域的对外开放格局。对外经济、技术合作与交流继续扩大，对外贸易和利用外资大幅度增长，国家外汇储备大幅度增加。2001 年 12 月 11 日，中国终于成功加入 WTO，以此为标志，中国的对外开放进入了一个新的阶段。

2. 政治体制改革的深入与精神文明建设的进一步加强

党的十四大以后，中国特色社会主义民主政治建设和精神文明建设成效显著。民主政治建设继续推进，行政管理体制和机构改革开始进行，政治体制改革迈出新步伐，精神文明建设全面展开。

十四大以来，政治体制改革在各个方面逐步深入。人民代表大会制度的作用得到进一步加强和改进，中国共产党领导的多党合作与政治协商制度的建设有了新发展，全国范围的政府机构改革大刀阔斧地进行，干部人事制度改革进一步深化，法制建设步伐明显加快。1997 年 10 月，党的十五大报告明确提出："当前和今后一段时间，政治体制改革的主要任务是：发展民主，加强法制，实行政企分开、精简机构，完善民主监督制度，维护安定团结。"十五大对政治体制改革的最重要的贡献，就是把"依法治国"作为党领导人民治理国家的基本方略。这是我国在政治体制改革总体思路上的一个重要突破，对推进我国政治发展有着深远的意义。十五大以后，政治体制改革进入稳步发展阶段。新一轮机构改革的重点是调整和撤销那些直接管理经济的专业部门，加强宏观调控和执法监管部门。地方政府机构改革的主要内容是实现职能转变和部门调整，精简机构和人员编制。同时，行政审批制度改革也开始进行，并取得初步成效。法制建设进一步加强，有力促进了我国民主法制建设的进程。

总之，十四大以来，以建立社会主义市场经济体制为主线，民主法制建设和精神文明建设在实践中也获得长足发展。政治体制改革迈出新步伐，制定了一系列适应社会主义市场经济发展的法律和法规，加强了执法和司法工作。科技、教育、文化等各项事业全面进步。宣传舆论工作和思想道德建设不断加强，群众文化生活日益丰富，全社会文明程度进一步提高。

3. 邓小平理论命题的提出与党在社会主义初级阶段基本纲领的形成

党的十五大明确提出邓小平理论的命题，标志着马列主义同中国实际相结合第二次历史性飞跃理论成果的形成。同时，进一步提出社会主义初级阶段的经济、政治和文化纲领，明确了我国跨世纪发展的奋斗目标。

随着中国特色社会主义实践的深入发展，党对中国特色社会主义道路的认识也逐步深化。1992 年，党的十四大对十一届三中全会以来 14 年改革开放的经验进行了认真总结，从社会主义的发展道路、发展阶段、根本任务、发展动力、外部条件、政治保证、战略步骤、领导力量和依靠力量、祖国统一九个方面比较系统地概括出中国特色社会主义理论，报告表述为“邓小平同志建设有中国特色社会主义理论”。随着改革开放的深入发展，全党普遍认识到邓小平建设有中国特色社会主义理论的正确性，是我们党领导全国人民实现社会主义现代化的光辉旗帜。

1997 年 9 月，在十四大科学概括和总结邓小平和邓小平建设有中国特色社会主义理论历史作用的基础上，党的十五大进一步把邓小平建设有中国特色社会主义理论命名为邓小平理论，确立为党的指导思想，并写进党章。十五大还根据邓小平理论和党在社会主义初级阶段的基本路线，围绕建设富强民主文明的社会主义现代化国家的目标，第一次明确提出了社会主义初级阶段的基本纲领，即建设有中国特色社会主义的经济、建设有中国特色社会主义的政治、建设有中国特色社会主义的文化。

建设有中国特色社会主义的经济，就是在社会主义条件下发展市场经济，不断解放和发展生产力；建设有中国特色社会主义的政治，就是在中国共产党领导下，在人民当家做主的基础上，依法治国，发展社会主义民主政治；建设有中国特色社会主义的文化，就是以马克思主义为指导，以培育有理想、有道德、有文化、有纪律的公民为目标，发展面向现代化、面向世界、面向未来的，民族的科学的大众的社会主义文化。

十五大关于社会主义初级阶段基本纲领的概括和阐述，是近二十年来我国改革开放和现代化建设最主要经验的总结，是党的基本路线在经济、政治、文化等方面的展开，是对社会主义初级阶段理论的新贡献，是邓小平理论的重要内容。它使中国特色社会主义道路以更加具体和清晰的形态呈现在全党全国各族人民面前，使基本路线规定的目标、任务和一系列方针政策，置于更现实的理论基础之上，更加具体化、明确化，更具有可操作性。为党排除各种干扰，澄清种种疑惑，保持清醒头脑，提供了新的理论武器。

（三）全面建设小康社会与中国特色社会主义道路的总体推进

从党的十六大至今，是中国特色社会主义道路科学发展和全面推进的历史阶段，是我们党在新世纪新阶段在全面建设小康社会的历史进程中，用一系列新的重大战略思想不断开创中国特色社会主义事业新局面，奋力开拓中国特色社会主义道路更为广阔发展前景的关键时期。

1.“三个代表”重要思想的提出与全面建设小康社会战略部署的实施

20 世纪末 21 世纪初，国内外形势和党的历史方位发生深刻变化。世界多极化和经济全球化的趋势在曲折中发展，科技进步日新月异，综合国力竞争日趋激烈。国内随着改革开放和社会主义市场经济的发展，社会经济成分、组织形式、利益分配和就业方式等日益多样化。随着党和国家事业的发展，党所处的环境、党所肩负的历史任务、党的自身状况，出现了许多新情况，已经从领导人民为夺取全国政权而奋斗的党，成为领导人民掌握全国政权并长期执政的党；已经从受到外部封锁和实行计划经济条件下领导国家建设的党，成为对外开放和发展社会主义市场经济条件下领导国家建设的党。

世纪之交，面对这些新变化，以江泽民为核心的党中央在科学判断党的历史方位基础上，积极推进党的建设新的伟大工程，并根据历史的经验和现实的发展要求，提出了“三个代表”重要思想，把中国特色社会主义推进到一个新的阶段。

2002 年 11 月，党的十六大胜利召开，大会把“三个代表”重要思想同马克思列宁主义、毛泽东思想和邓小平理论确立为党必须长期坚持的指导思想并写进党章。十六大报告指出：“‘三个代表’重要思想是对马克思列宁主义、毛泽东思想和邓小平理论的继承和发展，反映了当代世界和中国的发展变化对党和国家工作的新要求，是加强和改进党的建设、推进我国社会主义自我完善和发展的强大思想理论武器，是全党集体智慧的结晶，是党必须长期坚持的指导思想。”“贯彻‘三个代表’重要思想，关键在坚持与时俱进，核心在坚持党的先进性，本质在坚持执政为民。”此后，以胡锦涛为总书记的党中央对“三个代表”重要思想又多次进行了阐述、总结、概括。

“三个代表”的提出是我们党指导思想的又一次与时俱进，它用一系列紧密联系、相互贯通的新思想、新观点、新论断，进一步回答了什么是社会主义、怎样建设社会主义的问题基础上，创造性地回答了在新的历史条件下建设什么样的党、怎样建设党的问题，反映了当代世界和中国的发展变化对党和国家工作的新要求，深化了我们党对新的时代条件下推进中国特色社会主义事业和加强党的建设规律的认识。“三个代表”重要思想的形成，为新世纪新阶段推动中国特色社会主义现代化实践的进一步发展，提供了强大的思想动力和理论武器。

党的十六大是我们党在新世纪召开的第一次全国代表大会，也是我们党在开始实施社会主义现代化建设第三步战略部署的新形势下召开的一次十分重要的代表大会。大会在深入阐述了贯彻“三个代表”重要思想根本要求的同时，明确提出了党在新世纪头二十年全面建设小康社会的奋斗目标，对建设中国特色社会主义经济、政治、文化、国防和军队、祖国统一、对外工作和党的建设等各项工作作出了全面部署。大会确立的全面建设小康社会的目标，是在我国现代化建设"三步走"战略第一步、第二步目标已经实现，第三步部署开始实施，人民生活总体达到小康水平基础上提出来的，是中国特色社会主义经济、政治、文化全面发展的目标，是与加快推进现代化相统一的目标，符合我国国情和现代化建设的实际，符合人民的愿望。

2. 科学发展观的提出与社会主义现代化建设总体布局的形成

十六大以来，为了深入贯彻"三个代表"重要思想，落实全面建设小康社会的战略目标，我们党从实际出发，按照"发展要有新思路，改革要有新突破，开放要有新局面，各项工作要有新举措"的要求，分别就深化机构改革、完善社会主义市场经济体制、加强党的执政能力建设、制定"十一五"规划、构建社会主义和谐社会等关系全局的重大问题作出决定和部署，提出科学发展观等重大战略思想，继续推进经济体制、政治体制、文化体制、社会体制和其他方面体制改革，开创了中国特色社会主义事业的新局面。

继续推进社会主义市场经济体制改革，努力促进国民经济又好又快发展。农村改革进入一个新阶段，发展进入一个“黄金时期”。继续推进政治建设和政治体制改革。继续加强党风廉正建设，积极推进党的建设新的伟大工程。继续推进文化体制改革，社会主义核心价值体系建设成效明显。加快推进以民生为重点的社会建设。

十六届六中全会标志着社会主义和谐社会的基本理论的形成，也标志着富强、民主、文明、和谐“四位一体”社会主义建设总体布局的形成。党的十七大报告在此基础上提出生态文明的理念，并将生态文明与社会主义物质文明、精神文明、政治文明一起作为和谐社会建设的重要内容，使中国特色社会主义建设总体布局更加完善。

以胡锦涛为总书记的党中央，正式提出了科学发展观，使改革开放沿着科学轨道继续推进。在深化改革和经济迅速增长的前进道路上暴露出一些深层次的新矛盾新问题。如资源、环境压力加大；收入分配差距拉大；城乡、区域发展不平衡；社会结构、社会组织形式、社会利益格局发生深刻变化；国际竞争日趋激烈，可以预见和难以预见的风险增多等。为了适应新的发展形势和发展要求，解决我国发展面临的新课题新矛盾，十六大以来党中央在总结我国发展实践、借鉴外国发展经验基础上，提出了科学发展观这一重大战略思想。

2003 年 10 月，十六届三中全会首次提出了科学发展观，并把它的基本内涵概括为“坚持以人为本，树立全面、协调、可持续的发展观，促进经济社会和人的全面发展”，坚持“统筹城乡发展、统筹区域发展、统筹经济社会发展、统筹人与自然和谐发展、统筹国内发展和对外开放的要求”。2012 年 11 月召开的十八大，更为明确地将科学发展作为党的指导思想写进党章。科学发展观，是党在全面建设小康社会，继续推进中国特色社会主义事业道路上进行理论创新的最新成果。它从理论和实践上在回答什么是社会主义、怎样建设主义，建设什么样的党、怎样建设党的基础上，进一步回答了实现什么样的发展、怎样发展等重大问题，是同马列主义、毛泽东思想、邓小平理论和“三个代表”重要思想既一脉相承又与时俱进的科学理论。科学发展观的提出，表明党对发展问题的认识达到了新的高度，为在全面建设小康社会的实践中继续推进改革开放提供了科学的理论指导。

3. 中国特色社会主义理论体系命题的提出与中国特色社会主义道路发展新阶段

中国特色社会主义道路的探索、形成和发展，是伴随着中国特色社会主义理论体系的成熟而逐步展开的。一部改革开放的历史，就是党在新时期不断推进理论创新和实践创新的历史，就是用马克思主义中国化的最新成果推动我国改革开放和现代化建设的历史。中国特色社会主义道路为中国特色社会主义理论体系提供实践基础，中国特色社会主义理论体系为中国特色社会主义道路提供现实的理论指导，二者相辅相成，辩证发展。

十一届三中全会以来，以邓小平为核心的党的第二代中央领导集体，面对改革开放和社会主义现代化建设的新形势，解放思想、实事求是，立足社会主义初级阶段的基本国情，总结中国社会主义建设和国际共产主义运动正反两方面的历史经验，在深刻反思“什么是社会主义，怎样建设社会主义”的一系列基本问题中，第一次提出了“建设有中国特色社会主义”的重大命题，创立了邓小平理论。邓小平理论是中国特色社会主义理论体系的开创之作，是最基础的重要组成部分。在这一理论指引下开辟了中国特色社会主义道路。

进入20世纪，以江泽民为核心的党的第三代中央领导集体，面对国内外政治风波严峻考验的重大历史关头和改革开放的攻坚阶段，深刻认识和准确把握世情、国情、党情的发展变化，在回答“建设什么样的党，怎样建设党”这个关系中国特色社会主义事业领导核心的根本问题中，创立了“三个代表”重要思想。“三个代表”重要思想是中国特色社会主义理论体系承上启下的重要组成部分。在这一思想指引下把中国特色社会主义事业成功推向21世纪。

党的十六大以来，以胡锦涛为总书记的党中央，面对改革开放深入发展凸显出来的深层次的新问题、新矛盾和经济社会发展阶段性特征，在回答“实现什么样的发展、怎样发展”等重大理论和实际问题中，提出了科学发展观等重大战略思想。科学发展观等重大战略思想是中国特色社会主义理论体系的重要创新成果。在这一战略思想指引下，中国特色社会主义道路越走越宽。

党的十七大报告首次提出了中国特色社会主义理论体系这一崭新的科学命题，并把改革开放以来马克思主义中国化的创新理论成果，邓小平理论、“三个代表”重要思想和科学发展观等重大战略思想统一整合到这一个理论体系之中，这是马克思主义中国化发展史上的一个创举，是对党的思想理论建设的一个重大贡献，表明党对三者融会贯通的逻辑关系有了一个深刻的认识，对社会主义建设规律的认识达到了一个新的境界。中国特色社会主义理论体系的提出和形成，标志着中国特色社会主义道路进入了一个新的历史阶段。

总之，改革开放 30 多年来，中国社会发生了巨大的变化，我国经济从一度濒于崩溃的边缘发展到总量跃至世界第二、进出口总额位居世界第一，人民生活从温饱不足发展到总体小康。中国经济成为带动全球经济复苏的重要引擎，同时政治建设、文化建设、社会建设和党的建设都取得举世瞩目的成就。祖国统一大业取得重大进展，香港、澳门成功回归祖国怀抱，民族凝聚力和自豪感极大增强；国际地位和影响力显著提高，在促进世界经济和社会发展中发挥着越来越重要的作用，成为国际舞台上有重要影响力的东方大国。这些成就充分证明了中国特色社会主义道路的正确性。

正如胡锦涛指出的：“当今世界和中国的实践都表明，一个国家要实现经济社会发展、实现长治久安，必须找到一条既适合自己国情，又符合时代要求的发展道路。从改革开放的伟大实践中，从历史比较和国际观察中，我们更加深刻地认识到，中国特色社会主义道路是我国进一步实现民族振兴、国家富强和人民幸福的必由之路、成功之路、胜利之路。”在前进的道路上，无论遇到什么复杂局面，无论遇到什么风险考验，我们都必须毫不动摇地坚持和发展中国特色社会主义道路。

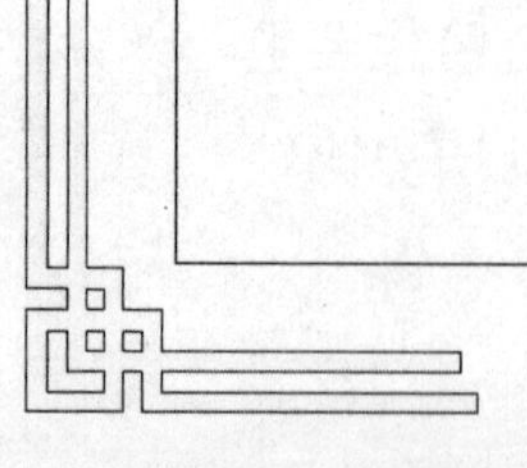

四、中国特色社会主义道路的基本内涵

中国特色社会主义道路是中国共产党领导中国人民在改革开放的实践中，总结中国长期社会主义建设历史经验，开辟的一条由一个经济文化比较落后的农业大国实现社会主义现代化的道路，是中国特色社会主义的实践载体，是科学社会主义基本原则在当代中国的体制模式，是社会主义社会形态在当代中国的具体体现。

1978 年 12 月党的十一届三中全会实现了党在历史上的伟大转折。从此，中国社会主义建设进入了改革开放的新时期，揭开了开辟中国特色社会主义道路的序幕。1982 年 9 月，党的十二大首次提出“走自己的路，建设有中国特色的社会主义”这一崭新的科

学命题。十二大以后改革开放全面展开，中国特色社会主义道路迈出实质性步伐。党的十三大、十四大、十五大、十六大在相继提出党在社会主义初级阶段的基本理论、基本路线、基本纲领、基本经验的基础上，党的十七大首次对中国特色社会主义道路的基本内涵作出了表述，十八大在此基础上进一步对中国特色社会主义道路作出了完整表述，明确指出“中国特色社会主义道路，就是在中国共产党领导下，立足基本国情，以经济建设为中心，坚持四项基本原则，坚持改革开放，解放和发展社会生产力，建设社会主义市场经济、社会主义民主政治、社会主义先进文化、社会主义和谐社会、社会主义生态文明，促进人的全面发展，逐步实现全体人民共同富裕，建设富强民主文明和谐的社会主义现代化国家”。概括起来就是坚持“一个中心，两个基本点”的基本路线、“五位一体”的总体布局和“富强民主文明和谐”的建设目标，即“总依据是社会主义初级阶段基本路线，总布局是‘五位一体’，总任务是实现社会主义现代化和中华民族伟大复兴”。

（一）中国共产党的领导是坚持和发展中国特色社会主义道路的根本保证

中国特色社会主义道路是中国共产党领导人民长期探索、奋力开拓的。中国共产党不仅是中国特色社会主义道路的开辟者，也是推进这条道路向前发展的领导者，是我们推进事业发展、战胜前进道路上各种艰难险阻，实现富强民主文明和谐社会主义现代化目标的根本保证。只有坚持党的领导，才能保证改革开放和现代化建设事业的正确方向和为之创造一个安定团结的政治局面和社会环境。同时，在长期革命斗争中形成的独具特色的优良传统和作风，从根本上使党具有很强的政治优势，能最大限度地调动全国各族人民的积极性和创造力，为中国特色社会主义道路的发展提供不竭的力量源泉。

从革命到建设时期，中国共产党作为无产阶级政党，始终坚持与时俱进的治党治国理念。进入全面建设小康社会新时期后，我们党始终坚持以改革创新精神加强自身建设，把党的执政能力和先进性建设作为主线，把发展作为党执政兴国的第一要务，坚持科学发展，为中国特色社会主义道路开拓了更为广阔的发展前景。

（二）坚持初级阶段基本路线是中国特色社会主义道路的核心内容

以经济建设为中心是兴国之要，是我们党、我们国家兴旺发达和长治久安的根本要求。按照历史唯物主义观点，生产力决定生产关系，经济基础决定上层建筑。任何一种社会制度的巩固和发展，归根结底，取决于社会生产力的发展，取决于它能否创造比过去社会更高的劳动生产率，能否具有比过去社会更高水平的物质基础。社会主义的优越性归根结底要体现在它的生产力比资本主义发展得更快一些、更高一些，并且在发展生产力的基础上不断改善人民的物质文化生活。对处于并将长期处于社会主义初级阶段的中国来说，尤其要把集中力量发展社会生产力摆在首要地位。

我国人口多，人均资源占有量少，同发达国家相比，还处于相对落后状态，经济、政治、文化和社会生活各方面存在着种种矛盾，由于国际国内因素的影响，阶级矛盾还将在一定范围内长期存在，但在整个社会主义初级阶段，社会的主要矛盾始终是人民日益增长的物质文化需要同落后的社会生产之间的矛盾。这就决定了社会主义的根本任务是发展生产力，决定了我们必须把经济建设作为全党全国工作的中心，各项工作都要服从和服务于这个中心。虽然经济发展不是发展的全部，但却是最核心、最基本的内容。只有牢牢抓住这个主要矛盾和工作中心，才能清醒地观察和把握社会矛盾的全局，为其他各种社会矛盾的解决提供根本的物质基础，才能不断满足人民日益增长的物质文化生活需要，才能推动社会的全面进步，才能从根本上巩固和发展社会主义制度。

发展是硬道理，中国解决所有问题的关键在于依靠自己的发展。国家的昌盛，人民的富裕，说到底是经济实力问题。国际竞争，说到底也是经济实力的竞争。只有经济发展了，经济实力和综合国力增强了，人民的生活才能不断得到改善，国家才能长治久安，促进社会全面进步和人的全面发展才有坚实的物质基础，我们才能在国际格局中占据更加有利的地位。

四项基本原则是立国之本，是我们党和国家生存发展的政治基石。坚持四项基本原则，是指必须坚持社会主义道路；必须坚持人民民主专政；必须坚持共产党的领导；必须坚持马列主义、毛泽东思想。四项基本原则是科学社会主义的基本原则，也是建设社会主义中国的立国之本，是我国根本区别于历史上的封建主义中国和资本主义国家的主要标志，是当代中国发展进步的根本政治前提和制度基础。坚持四项基本原则，就是要保证改革开放和现代化事业的社会主义性质和正确方向。

改革开放是强国之路。改革开放是党在新的时代条件下带领人民进行的新的伟大革命，是解放和发展生产力，促进党和国家发展进步的活力源泉，是巩固和完善社会主义制度，发展中国特色社会主义的强大动力。就改革来说，我国实行的是系统配套的大改革，它在经济、政治、文化、科技、军事、外交等领域的全面展开和深入推进，为当代中国社会总体文明发展不断地扫除障碍、注入活力，开辟越来越广阔的前景。改革并不是要改变社会主义制度，而是在坚持基本制度下改革某些具体体制和机制，是改革那些阻碍、不适应或不完全适应生产力的经济基础和上层建筑部分；就开放来说，我国实行的是宽领域、多层次、全方位的大开放，是推动中国以顺应时代大势的姿态主动融入世界文明发展进程，积极吸取人类创造的一切优秀文明成果为我所用，既是中华民族自立于世界民族之林的重要条件，也是把中国特色社会主义事业推向前进的基本前提。

事实证明，改革开放是发展中国特色社会主义、实现中华民族伟大复兴的必由之路；只有社会主义才能救中国，只有改革开放才能发展中国、发展科学社会主义。在新世纪新阶段，我国社会生产力发展还面临诸多体制性障碍。社会主义市场经济体制已初步建立，但还不成熟、不完善，旧的体制机制中的一些积弊尚未完全消除，改革和发展过程中也不断产生新问题新矛盾，经济、政治、文化、社会的发展仍然依赖于体制的改革与创新，仍然依赖于继续创造出适应社会生产力发展要求的良好的政策和体制环境条件。

因此，在新的更加艰巨繁重的任务、新的更加错综复杂的环境面前，我们必须坚定信念：坚决走充满生机活力的新路，绝不走封闭僵化的老路，也绝不走改旗易帜、放弃共产党领导、放弃社会主义的邪路。唯有坚持改革开放的必由之路，始终做到不动摇、不懈怠、不折腾，我们才能引领中国特色社会主义伟大事业的航船乘风破浪，驶向更加光辉的未来。

以经济建设为中心、坚持四项基本原则、坚持改革开放，三者相互贯通、相互依存、内在统一于建设中国特色社会主义的伟大实践中。以经济建设为中心是奠定坚持四项基本原则和坚持改革开放的物质基础。离开经济建设这个中心，人民生活就不可能不断得到改善，社会主义社会的一切发展和进步就会失去物质基础；四项基本原则是我国经济社会发展和改革开放的根本政治保障。离开四项基本原则，经济建设和改革开放就会迷失方向；改革开放是我们党和国家发展进步的活力源泉，通过改革开放赋予四项基本原则新的时代内涵和经济建设的强大动力。“一个中心，两个基本点”是相互贯通、相互依存、不可分割的统一整体。

（三）“五位一体”的总体布局是中国特色社会主义道路的基本内容和具体展开

中国特色社会主义总体布局的形成经历了一个两大文明—“三位一体”—“四位一体”—“五位一体”的发展过程。

1979 年，叶剑英在庆祝中华人民共和国成立 30 周年的重要讲话中，明确提出："我们要在建设高度物质文明的同时，提高全民族的教育科学文化水平和健康水平，树立崇高的革命理想和革命道德风尚，发展高尚的丰富多彩的文化生活，建设高度的社会主义精神文明。"即要从总体上把握社会主义现代化建设的布局问题。1982 年党的十二大明确提出了"三步走"的现代化建设战略部署，并且提出了包括经济富强、政治民主、精神文明在内的三位一体的现代化建设总体格局。1986 年 9 月党的十二届六中全会通过的《中共中央关于社会主义精神文明建设指导方针的决议》，第一次明确提出了"总体布局"这一概念，指出："我国社会主义现代化建设的总体布局是：以经济建设为中心，坚定不移地进行经济体制改革，坚定不移地进行政治体制改革，坚定不移地加强精神文明建设，并且使这几个方面互相配合，互相促进。"从而使中国特色社会主义总体布局的基本框架初步构成。此后，党的十三大、十四大都坚持了这一基本思想。1997 年党的十五大围绕社会主义现代化建设的总目标，在党的基本理论、基本路线的基础上，制定了建设中国特色社会主义经济、政治、文化的基本纲领，从而使"三位一体"的现代化建设格局更加明晰。进入新世纪新阶段，面对错综复杂的国内形势和不断变化的国际格局，我们党顺应历史发展和时代变化的要求，正式提出了构建社会主义和谐社会的命题，使社会主义现代化建设的总体布局，由物质建设、政治建设、文化建设的“三位一体”深化拓展为包括和谐社会建设在内的“四位一体”，丰富了社会主义现代化建设的战略思想。2005 年，胡锦涛第一次明确地提出：“随着我国经济社会的不断发展，中国特色社会主义事业的总体布局更加明确地由社会主义经济建设、政治建设、文化建设三位一体发展为社会主义经济建设、政治建设、文化建设、社会建设‘四位一体’。”第一次提出“社会建设”的概念，由此拓展深化了现代化建设的战略格局，也表明我们党对社会主义建设规律的认识越来越深刻。2007 年，胡锦涛在党的十七大作报告中提出了实现全面建设小康社会奋斗目标的新要求，特别是提到要建设“生态文明”，并首次把这个概念写入了党的代表大会的政治报告。2012 年，胡锦涛在党的十八大作报告中正式提出了生态文明建设，将其与经济建设、政治建设、文化建设、社会建设并列，即总体布局为“五位一体”。这是执政兴国理念的新发展，至此，中国特色社会主义道路的总体布局更加全面完整。

中国特色社会主义经济建设，就是要以社会主义市场经济建设为重点，建立和完善社会主义市场经济体制，实现社会主义基本制度与市场经济体制有机结合。中国特色社会主义政治建设，就是要以社会主义民主政治建设为重点，积极稳妥推进政治体制改革，使我国社会主义民主政治展现出更加旺盛的生命力。中国特色社会主义文化建设，就是坚持以马克思主义为指导，以社会主义先进文化建设为重点，不断发展面向现代化、面向世界、面向未来的，民族的科学的大众的社会主义文化。中国特色社会主义社会建设，就是要以改善民生为重点，以构建和谐社会为目标，着力保障和改善民生，推进社会体制改革，扩大公共服务，完善社会管理，促进社会公平正义，努力使全体人民学有所教，劳有所得，病有所医，老有所养，住有所居，推动建设和谐社会。中国特色社会主义生态文明建设，就是以尊重和维护生态环境为出发点，强调人与自然、人与人以及经济与社会的协调发展。

五大建设是紧密联系、相互促进、密不可分的一个整体。其中，经济建设是核心，政治建设是保证，文化建设是支撑，社会建设是本质要求，生态建设是基础。推进我国社会主义现代化建设，就要坚持以经济建设为中心，促进生产力与生产关系、经济基础与上层建筑相互协调，全面推进政治建设、文化建设、社会建设以及生态文明建设共同发展。

（四）建设富强民主文明和谐的社会主义现代化国家是中国特色社会主义道路的宏伟蓝图和最终目标

“富强民主文明和谐”的发展目标，是自新中国成立以来我们党对我国社会主义现代化建设规律的认识不断深化的结果，是随着我国改革开放和现代化建设的逐步展开而明确清晰和丰富起来的。早在 20 世纪 50 年代，毛泽东就提出，要调动一切积极因素把我国建设成强大的社会主义国家；1964 年，周恩来在三届人大一次会议上所作的政府工作报告中，进一步明确提出把我国建设成为具有现代农业、现代工业、现代国防和现代科学技术的社会主义强国。

2006 年召开的十六届六中全会，将“把我国建设成为富强民主文明的社会主义现代化国家”修改为“把我国建设成为富强民主文明和谐的社会主义现代化国家”，这也就预示着我国社会主义现代化建设的总体布局更加明确地由社会主义经济建设、政治建设、文化建设的“三位一体”发展为社会主义经济建设、政治建设、文化建设与和谐社会建设的“四位一体”。

改革开放初期，邓小平在毛泽东、周恩来探索发展道路的基础上，从我国的基本国情出发，设计了分三步走基本实现现代化的宏伟蓝图：第一步，用十年时间到 1990 年，实现国民生产总值比 1980 年翻一番，解决人民的温饱问题；第二步，到 20 世纪末，国民生产总值再翻一番，人民生活达到小康水平；第三步，到 21 世纪中叶，人均国民生产总值达到中等发达国家水平，人民生活比较富裕，基本实现现代化。

20 世纪末，江泽民在党的十五大对第三步战略目标提出了新的“三步走”的发展规划，即第一个十年实现国民生产总值比 2000 年翻一番，使人民的小康生活更加富裕，形成比较完善的社会主义市场经济体制；再经过十年的努力，到建党一百年时，使国民经济更加发展，各项制度更加完善；到 21 世纪中叶，新中国成立一百年时，基本实现现代化，建成富强民主文明的社会主义现代化国家。党的十六大又将前两步目标合并为一个目标，即全面建设小康社会的奋斗目标。“把我国建设成为富强民主文明和谐的社会主义现代化国家”，是从中国特色社会主义事业总体布局和全面建设小康社会全局出发提出的重大战略任务，反映了中国特色社会主义“四位一体”总体目标的本质要求，展示了中国特色社会主义道路的美好前景，体现了全党全国各族人民的共同愿望。

通过上述解析，可以看出中国特色社会主义道路是一个内涵丰富，内在逻辑严密的有机统一整体。其中，党的领导、立足国情、“一个中心，两个基本点”是前提和基础；“五位一体”总体布局是基本内容，是中国特色社会主义道路的具体展开；富强民主文明和谐的社会主义现代化发展目标是宏伟蓝图，是中国特色社会主义道路的努力方向。

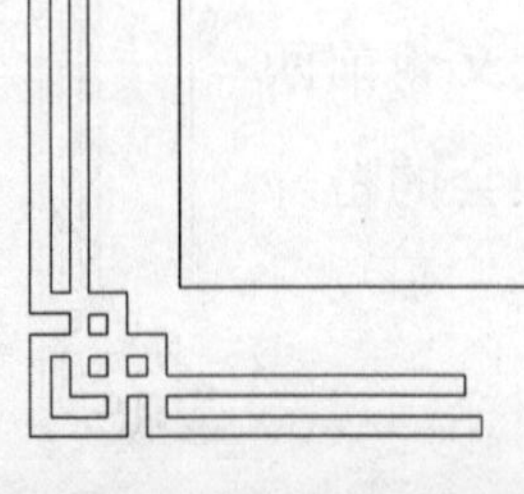

五、中国特色社会主义道路的基本特征

中国特色社会主义道路，既遵循了科学社会主义的基本原则，又是对传统社会主义模式的超越和创新；既包含着资本主义的有益成分，又同资本主义现代化道路具有本质的区别；既体现了社会主义社会发展的一般规律，又具有鲜明的中国特色。

（一）坚持四项基本原则的改革开放

中国特色社会主义道路最鲜明的特点是改革开放。在社会主义社会，以公有制为主体的生产关系和与之相适应的上层建筑，从总体上基本适应了社会化大生产中先进生产力的发展要求。但是，处于社会主义不同历史发展阶段上的相对稳定的生产关系和上层建筑，对于不断发展变化的生产力，也会形成某些不相适应的环节和方面。特别是我国社会主义建设初期，由于受苏联社会主义模式影响，忽视中国特殊国情，单纯追求生产关系上“一大二公三纯”，逐步形成了僵化的经济体制，严重束缚和阻碍了生产力的发展，抑制了社会主义制度优越性的充分发挥。因此必须通过改革，才能扫除阻碍生产力发展的体制障碍，建立起充满生机和活力的社会主义新体制和新机制。

改革从解放和发展生产力这个意义上说，是“中国的第二次革命”。开放与改革密不可分。当今世界是开放的世界，任何一个国家要想发展就必须适应对外开放的新趋势。社会主义制度也是开放的制度，它必须吸收和借鉴人类社会所创造的一切文明成果，包括发达资本主义国家在内的一切反映现代化、社会化生产规律的经营管理方式和组织形式。从这个意义上说，开放也就是改革，是对传统自我封闭体制的改革，也是为了解放和发展社会生产力。

十一届三中全会以来，正是由于我们党举起了改革开放这面伟大旗帜，使我国成功实现了从高度集中的计划经济体制到充满活力的社会主义市场经济体制、从封闭半封闭到全方位开放的伟大历史转折，实现了一系列重要的体制机制创新，逐步摆脱了“苏联模式”的影响，初步形成了比较完整的具有鲜明中国特色的社会主义制度体系，引导全国人民走上了一条中国特色社会主义道路，使社会主义在中国重新焕发出蓬勃的生机与旺盛的活力。实践充分证明，只有社会主义才能救中国，只有改革开放才能发展中国特色社会主义。我国改革开放的关键性特征之一，便是始终同坚持四项基本原则紧密地联系在一起，是有利于巩固和发展社会主义的改革开放，是社会主义制度的自我完善和发展的改革开放。我们党在领导改革开放的进程中，始终坚定不移地坚持四项基本原则，旗帜鲜明反对资产阶级自由化，在一些重大问题上，注意区分是非界限。比如马克思主义同反马克思主义的界限，科学社会主义同民主社会主义的界限，社会主义民主同西方议会民主的界限等。

改革开放 30 多年来，我国经济高速发展，综合国力大幅提升，人民生活显著改善，国际地位日益提高。30 多年的伟大实践充分证明：中国特色社会主义之所以具有蓬勃生命力，就在于它是实行改革开放的社会主义；改革开放之所以取得举世瞩目的成就，就在于我们实行的是坚持四项基本原则的改革开放，两者辩证统一于中国特色社会主义的伟大实践中。而这正是我国的发展道路超越传统社会主义道路和苏联改革模式的关键所在。

（二）通过先富带动后富的共同富裕之路

共同富裕是社会主义的本质特征和最终目标，是社会主义区别于资本主义和历史上其他社会形态最根本的特征。按照马克思主义的设想，社会主义是在资本主义生产力高度发达基础上建立起来的，由于消灭了阶级和剥削，实行公有制和按劳分配，能够即刻实现共同富裕。因此，共同富裕是社会主义的题中应有之意。而我国的社会主义既不同于在资本主义高度发达基础上建立起来的社会主义，也不完全相同于苏联等其他社会主义国家。在这样一个国度里，如何建设社会主义，实现共同富裕，是马克思主义发展史上的新课题。

长期以来，由于受传统社会主义观念和苏联模式的影响，我们对共同富裕的内涵和实现途径存在错误的认识和片面的理解，期望通过实行平均主义来达到全体人民同步同时富裕，结果导致共同贫穷。新时期以来，我们党总结历史经验教训，深刻认识到在中国这样一个经济文化落后的东方大国实现共同富裕，既不能走马克思主义设想的共同富裕之路，也不能照搬苏联模式，只能走中国特色的共同富裕之路，即通过先富带动后富，最终实现共同富裕。原因在于：一方面中国是社会主义国家，决定了共同富裕必然是中国特色社会主义本质属性的必然要求和最终目标；但是另一方面，共同富裕必须建立在生产力高度发达的基础之上，而我国在社会主义初级阶段，由于生产力的落后和多层次性，由于各地自然资源禀赋不同导致的地区发展的不平衡性，由于在现阶段生产力水平基础上形成的以公有制为主体的多种所有制形式和以按劳分配为主体的多种分配方式的客观存在，由于社会主义市场经济建立后所形成的产权主体的多元化等因素的制约，我国不可能走同步同时富裕的道路。共同富裕在我国的实现，必然是一个渐进的历史过程，只能走一部分地区、一部分人先富起来，通过先富带动后富最终实现共同富裕的道路。部分先富是共同富裕的必要条件；共同富裕是部分先富的最终结果。

改革开放 30 多年来，正是由于实行了通过先富带动后富的政策，才打破了数十年的“大锅饭”和平均主义，调动了人们的积极性，尤其是使社会精英们充分发挥了自己的聪明才智，通过诚实劳动和合法经营先富起来，推动了经济的快速发展，大幅提高了国民收入，增强了我国国力。与此同时，当东南沿海优先发展起来之际，党中央及时地实施了西部大开发战略，并提出振兴东北老工业基地、中部崛起等重大战略决策等，在东部发达地区的支持和帮助下，使得这些重大战略也得以成功推行，形成了中西互动，优势互补，共同促进的区域发展新格局。同时，对于现阶段存在的贫富差距拉大的现象，采取了有力措施，进一步深化和完善政府收入分配的宏观调控政策和社会保障体系，“逐步提高居民收入在国民收入分配中的比重，提高劳动报酬在初次分配中的比重”。在二次分配中向各类弱势群体作相应的大幅倾斜，逐渐缩小差距，将发展成果惠及全体人民。

30 多年改革开放的实践证明：通过先富带动后富，是我国加速发展，最终实现共同富裕的捷径和最佳选择。在当代中国坚持中国特色社会主义道路，也就是坚持走中国人民共同富裕的道路。

（三）社会主义市场经济体制

建立社会主义市场经济体制，是中国特色社会主义道路在经济上最典型的基本特征和最显著的标志。我国在社会主义制度建立以后，按照马克思主义关于未来社会主义的设想和苏联模式，建立的也是高度集中的计划经济体制。这种体制在当时历史条件下，对发展经济、集中力量办大事，加快推进工业化中发挥过重要作用。但是，由于存在排斥市场调节、利益导向的缺陷，计划经济体制的弊端日益凸显，严重束缚了生产力的发展。改革开放以来，我们党在深刻总结我国和其他社会主义建设经验教训的基础上，积极学习和借鉴人类创造的一切文明成果，创造性地把市场经济的运行机制与社会主义基本制度有机结合起来，从而建立起国家宏观经济计划与市场经济相结合的社会主义市场经济体制。

社会主义市场经济体制的建立是对传统经济理论的重大突破，是对原来的计划经济运行方式的根本性变革。第一，从微观层面看，社会主义市先场经济承认个人和企业等市场主体的独立性，它们可以自主地作出经济决策，独立地承担决策的经济风险。这与计划经济体制下由政府部门作出经济决策并承担责任的经济模式根本不同。第二，从资源配置方式看，社会主义市场经济是以市场为基础性配置手段。这与计划经济体制下由政府来进行资源配置根本不同。第三，从宏观层面看，政府的宏观经济调控机制主要通过经济手段来实现，即“国家调控市场，市场引导企业”。这与传统的计划经济条件下用直接的行政手段来管理经济根本不同。第四，从经济活动看，社会主义市场经济是由价值规律起着支配作用。这与计划经济体制下主要由政府主导根本不同。第五，从经济运行看，社会主义市场经济通过建立完备的经济法规对市场经济的各种活动进行规范。这与计划经济体制下主要通过政府的行政手段进行管理不同。

中国特色社会主义市场经济是在社会主义条件下，和社会主义基本制度结合在一起运行的。从经济上来说，是以公有制和按劳分配为主体；从政治上来说，是以共产党为领导的人民民主专政的政治制度；从文化上说，是以马克思主义为指导思想，以实现共同富裕为最终目标。我国的市场经济体制，离不开社会主义的方向，离不开国家的宏观调控。改革开放

30 多年来，中国特色社会主义市场经济正是把社会主义制度的优越性与市场经济的活力相结合，才使我国经济经受住了多次风浪的严峻考验，保持多年快速平稳发展。

（四）科学发展

发展是当代世界面临的共同问题，也是中国特色社会主义道路的核心问题和永恒主题。一个社会能否成功发展，关键是看它是否找到了一条与本国国情和时代特征相适应的发展道路。科学发展是中国特色社会主义道路的内在要求和必然选择。

首先，科学发展是对长期以来社会主义发展问题上经验教训理论反思的必然结果。在社会主义建设初期，以毛泽东为核心的党的第一代中央领导集体针对苏联在社会主义建设中出现的片面发展重工业，忽视轻工业；注重工业，忽视农业等问题，提出了以苏为鉴，走自己的发展道路，并进行了积极可贵的探索，形成了一些正确的和比较正确的理论观点和实践经验，但也在很多方面忽视现代化建设的客观规律，忽视经济效益和经济增长的质量，给经济发展带来了严重后果。在改革开放初期，由于我们受传统社会主义发展观念的影响，往往把“发展是硬道理”简单地理解为“增长是硬道理”，把“以经济建设为中心”简单地理解为“以速度为中心”，甚至不惜以牺牲资源、环境为代价单纯追求 GDP 的增长，导致贫富差距不断扩大；就业压力日趋严峻；教育、卫生、文化、服务等社会事业发展滞后等，暴露出我们在经济发展中的一些矛盾和问题。正是通过总结社会主义建设初期和改革开放以来的经验教训，我们党提出了科学发展的理念和要求。

第二，科学发展也是顺应时代发展的必然选择。第二次世界大战结束后，由于受到物质匮乏的困扰，无论是发达国家还是发展中国家，大都把追求经济增长、消除物质匮乏或贫困状态作为自己最迫切的愿望，把经济增长作为社会发展主要甚至唯一目标。经济增长理论就在这种条件下应运而生了。但是经过第二次世界大战后几十年的发展实践，传统经济增长理论逐渐暴露出一些弊端。比如，经济的发展并不能自动实现公平、平等等社会目标，过度的追求经济增长给全球带来了能源紧张、资源短缺、环境恶化等问题。基于对传统经济增长理论和实践的深刻反思，人们提出了新的发展理论。如增长极限论、综合发展观、以人为中心的发展观和可持续发展观等。科学发展正是吸收国际社会发展实践的经验教训和先进的发展理念，顺应时代发展的必然选择。

第三，科学发展是我国社会主义初级阶段基本国情的内在要求。人口多，底子薄，生产力不发达，地区发展不平衡，资源环境与经济社会的矛盾突出等，决定了我国长期发展的艰巨性和复杂性，也决定了我们必须走全面、协调、可持续的发展道路。科学发展，是解决这些矛盾和困难的现实需要。目前，随着科学发展战略的实施，中国特色社会主义事业的发展已经取得显著成果。例如，社会主义新农村建设扎实推进，区域发展协调性增强，创新型国家建设进展良好，自主创新能力较大提高，能源资源节约和生态环境保护取得新进展，人民生活显著改善等。

（五）共产党领导、人民当家做主和依法治国有机统一的社会主义民主政治

共产党领导、人民当家做主和依法治国的有机统

一，是中国特色社会主义民主政治制度的实质和基本特征。中国特色社会主义民主政治制度主要包括：工人阶级（经过共产党）领导的、以工农联盟为基础的人民民主专政的国体；民主集中制的人民代表大会制度的政体；中国共产党领导的多党合作与政治协商的政党制度以及民族区域自治制度和基层群众自治制度。我国的人民民主专政实质是具有中国特色的无产阶级专政。它更充分地体现了民主的广泛性，更鲜明地表达了人民民主和人民专政两个密切联系、不可分割的方面。人民代表大会制度是我国根本的政治制度，是与人民民主专政相适应的政权组织形式，是按照民主集中制原则建立起来的统一行使国家权力的机构。“一府两院”由它产生，对它负责。根据我国宪法，全国人民代表大会和地方各级人民代表大会由民主选举产生，对人民负责，受人民监督；国家行政机关、审判机关、检察机关由人民代表大会产生，对它负责，受它监督。因此，我国的人民代表大会制度不仅反映了全国各族人民的共同利益和共同愿望，体现了我国“一切权力属于人民”的社会主义民主实质，更是人民当家做主的重要载体和最高实现形式。

中国共产党领导的多党合作和政治协商制度，是具有中国特色的社会主义政党制度。其主要特点是共产党领导、多党派合作，共产党执政、多党派参政。共产党是执政党，各民主党派是参政党，而不是在野党和反对党。中国共产党与各民主党派之间是长期共存、互相监督、肝胆相照、荣辱与共的合作关系。民族区域自治制度和基层群众自治制度，也是我们党根据中国基本国情，创造的具有中国特色的民主政治制度的重要制度形式。中国特色社会主义民主政治制度是中国近现代历史发展的必然结果，是中国共产党带领全国各族人民经过长期奋斗和实践探索而建立发展起来的，其实质是党的领导、人民当家做主和依法治国的有机统一。

党的领导是人民当家做主和依法治国的根本保证，人民当家做主是社会主义民主政治的本质和核心，依法治国是党领导人民治理国家的基本方略。它是马克思主义基本原理同中国国情相结合的产物，既坚持了科学社会主义关于民主理论的基本原则，又借鉴了现代西方文明包括西方民主的优秀成果，同时也植根于中华民族赖以生存和发展的广阔沃土和近代以来中国共产党和中国人民为争取民族独立和国家富强而进行的伟大实践，是最适合中国国情的社会主义民主政治制度。

（六）马克思主义指导思想一元化和社会思潮多样性相统一的社会主义先进文化

以马克思主义为指导思想的社会主义核心价值体系引领多样化社会思潮和文化追求，是中国特色社会主义道路在文化上的基本特征。在当代中国，坚持社会主义先进文化前进方向，核心内容是努力建设社会主义核心价值体系，即必须巩固马克思主义指导地位，坚持中国特色社会主义共同理想，弘扬以爱国主义为核心的民族精神和以改革创新为核心的时代精神，坚持社会主义荣辱观。

马克思主义认为，一个社会的意识形态，是由这个社会的经济基础和政治制度所决定的，同时又对经济基础和政治制度以深刻的影响。任何国家，不管其经济结构和社会思想多么复杂多样，总会有占主导地位的意识形态，并对整个社会的思想文化发挥着强大的引领和整合作用。我国是社会主义国家，公有制的主体地位，人民民主专政的政权性质和共产党的执政地位，决定了我们在意识形态领域只能以马克思主义作为党和国家的指导思想。

马克思主义指导思想，是社会主义核心价值体系的灵魂和根本。坚持马克思主义指导地位的“一元化”与繁荣社会文化的“多样性”并不矛盾，从根本上说是一致的，两者是辩证统一的。坚持马克思主义“一元化”的指导地位就是指在马克思主义立场、观点、方法指导下，充分尊重社会文化的多样性特点和合理性差异，善于包容多样社会思潮中与社会主义核心价值体系的基本精神和主要方向并不相悖的因素，将各种有差异、多样的社会思潮包容、整合到马克思主义统领的社会意识之中，使之朝着社会主义方向发展。

因此，只有坚持马克思主义指导思想“一元化”才能保证我国文化的社会主义性质，保证我国文化始终沿着进步的方向前进；保证文化的多样化，满足人民群众多方面的文化需求；同时，马克思主义是开放性的不断发展的理论体系，马克思主义只有汲取其他文化的有益的成果，才能永远保持科学的与时俱进的理论品质。用马克思主义指导思想的社会主义核心价值体系引领多样性的社会思潮，是我们党把马克思主义意识形态理论与中国国情相结合，立足于中国社会主义初级阶段的具体实践，针对我国社会经济成分、组织形式、就业方式、利益关系和分配方式的日趋多样化的现实做出的必然选择。它充分体现了马克思主义意识形态优势和传统文化在当代中国的实践特色、民族特色与时代特色的统一。

（七）以改善民生为重点的和谐社会建设

以改善民生为重点的和谐社会建设，是中国特色社会主义的本质属性和重要特征。社会和谐，既是中国特色社会主义本质属性和自觉追求的价值目标，又是持续推进、不断实现的历史过程。事实上，中国特色社会主义道路的历史进程也是不断地实现社会和谐的过程。改革开放以来，我们党随着对社会主义本质和社会主义建设规律认识的不断加深，在提出社会主义经济建设、政治建设、文化建设“三位一体”的社会主义总体建设布局之后，又把构建社会主义和谐社会作为一项重大的战略任务和战略目标，作为中国特色社会主义事业的四个重要组成部分之一，摆在十分突出的位置。就是要在经济社会发展的基础上更加自觉、更加主动地推进和谐社会建设，着力保障和改善民生，推进社会体制改革，扩大公共服务，完善社会管理，促进社会公平正义，努力使全体人民学有所教、劳有所得、病有所医、老有所养、住有所居，在教育、就业、分配、社会保障、医疗卫生、社会管理等方面开展卓有成效的工作。

目前，中国特色社会主义和谐社会建设全面展开。各级各类教育迅速发展，农村免费义务教育全面实现。就业规模日益扩大。社会保障体系建设进一步加强。公共卫生体系和基本医疗服务不断健全，人民健康水平不断提高。社会管理逐步完善，社会大局稳定，人民安居乐业。

社会主义和谐建设的提出，是我们党对社会主义认识的又一次新的飞跃，是对马克思主义理论的一个重大创新成果。社会主义和谐社会的建设同富强、民主、文明的经济、政治、文化建设一样，它既是中国特色社会主义的一个长期的奋斗目标，又是一种从低级到高级持续推进的具体的历史过程。

（八）“一国两制”的基本国策

“一国两制”是从中国的实际出发创造的具有中国特色的国家统一方针和基本国策，即“在祖国统一的前提下，国家的主体坚持社会主义制度，同时在香港、澳门、台湾保持原有的资本主义制度长期不变”。“一国两制”根据中国的历史和现实的具体实际，创立了在一个主权国家内，同时出现两种不同社会制度共存的新的国家统一形式，这是对马克思主义国家制度和社会制度理论的重大突破。“一国两制”同时也是对国家结构形式的创新发展。马克思主义认为，一个国家采取什么结构形式，取决于该国的阶级本质、地理条件、民族特点和历史传统等。目前世界上的国家结构，基本上分为单一制和复合制两大类。按照马克思主义的国家结构理论，我国采取的是单一制的国家结构形式。

“一国两制”的构想实施后，我国的国家结构形式又呈现出新的特点。从总体上说我国仍是单一制的社会主义国家，全国只有一个立法机关和中央人民政府，有统一的宪法，公民有统一的国籍。但是，它又突破了单一制国家结构的模式，带有复合制的某些特征，不仅有普通行政区，民族自治区，还有特别行政区。而且，特别行政区的权力不仅超出一般单一制下地方政府的权力，而且超过了一些联邦制下成员国政府的权力和自治程度。“一国两制”的国家结构形式，是一个全新政治构想和国家结构的最新模式。它突破了马克思主义国家学说，国家结构形式要么是纯粹的“单一制”，要么是纯粹的联邦制这一传统观念，而是根据中国具体实际，创造了一种既不是联邦制又不是纯粹“单一制”的崭新的国家结构形式，而且容纳了两种性质不同的经济、政治社会制度。“一国两制”的实施，既保持了香港、澳门的繁荣稳定，又维护了祖国统一。

总之，坚持四项基本原则的改革开放、一部分人先富起来先富带动后富的共同富裕道路、社会主义基本制度与市场经济的运行机制有机结合的经济管理体制、科学发展、共产党领导、人民当家做主和依法治国有机统一的社会主义民主政治、马克思主义的一元化和社会思想多元化相统一的社会主义文化建设、以改善民生为重点的社会建设以及“一国两制”的基本国策是中国特色社会主义道路基本特征在经济、政治、文化、社会等领域的具体体现，这些基本特征是对中国特色社会主义道路发展历程的概括和总结。中国特色社会主义道路本身是不断前进和发展的，因此，人们对中国特色社会主义道路的基本特征的认识也必将会随着中国特色道路的纵深发展而发展，不会停滞不前的。

“一个中心，两个基本点”和科学发展是中国特色社会主义道路的总体特征和本质特征。它最鲜明、最显著地体现了中国特色社会主义道路既坚持了科学社会主义的基本原则，但它又不是苏联模式，也不是对马克思主义当年所设想的社会主义的照搬照抄；既借鉴了发达资本主义国家发展市场经济和组织现代化大生产的文明成果，但它又不是资本主义或其他主义，而是具有鲜明的时代性、民族性、实践性和科学性的符合中国国情的社会主义现代化道路，是我国实现国家富强、人民幸福和民族伟大复兴的必由之路、成功之路、胜利之路。

六、中国特色社会主义道路的战略保证

中国特色社会主义道路的发展理念，主要包括全面协调可持续的发展理念、以人为本的发展理念、和平发展理念。立足于中国特色社会主义的发展理念，现阶段我们实施的中国特色社会主义的发展战略主要包括科教兴国战略、人才强国战略、区域协调发展战略、可持续发展战略和依法治国基本方略。要夯实这一系列重大发展战略，必须将以下几个方面作为重要着力点。

（一）坚持社会主义初级阶段基本路线

党的十七大报告指出："中国特色社会主义道路，就是在中国共产党领导下，立足基本国情，以经济建设为中心，坚持四项基本原则，坚持改革开放，解放和发展社会生产力，巩固和完善社会主义制度，建设社会主义市场经济、社会主义民主政治、社会主义先进文化、社会主义和谐社会，建设富强民主文明和谐的社会主义现代化国家。"中国特色社会主义道路的内涵极其丰富，但其最主要的方面包括总任务、总目标、总方针、总政策，以及主体内容等都浓缩在党的基本路线之中，党的基本路线是中国特色社会主义道路的核心和总纲。

一是基本路线规定了中国特色社会主义道路的总任务，即以经济建设为中心，解放和发展生产力。以经济建设为中心是党的基本路线的主体内容，也是中国特色社会主义道路的根本任务。

二是基本路线规定了中国特色社会主义道路的主体内容和基本框架。中国特色社会主义经济建设、政治建设、文化建设、社会建设“四位一体”的总体布局，是中国特色社会主义道路的主体内容和基本框架，它也是党的基本路线的展开和具体化。党的基本路线是社会主义建设的总纲领，是制定社会主义建设各方面具体纲领和方针政策的根本依据和必须遵循的原则。它对中国特色社会主义道路的指导作用主要体现在，以基本路线为指导制定的社会主义初级阶段的经济、政治、文化和社会纲领上。

三是基本路线规定了中国特色社会主义道路的宏伟目标，即建设富强、民主、文明、和谐的社会主义现代化国家。党的基本路线中关于我国社会主义现代化建设的奋斗目标最初的定位是“富强、民主、文明”三个方面，随着对社会主义认识的深入，党的十七大上增加了“和谐”内涵，把社会主义现代化奋斗目标发展为富强、民主、文明、和谐“四位一体”，从而使中国特色社会主义建设目标更加全面。

四是基本路线规定了中国特色社会主义道路完成中心任务和实现奋斗目标的根本手段与政治保证，即坚持四项基本原则，坚持改革开放。坚持四项基本原则，坚持改革开放是党的基本路线的两个基本点，也是实现解放和发展生产力，建设富强、民主、文明、和谐社会主义现代化国家的根本保证。四项基本原则和改革开放这两个基本点互相贯通、互相依存，统一于发展中国特色社会主义的伟大实践之中。

五是基本路线规定了实现中心任务和奋斗目标、搞好改革开放的领导力量和依靠力量，这就是在中国共产党领导下，团结全国各族人民来完成这个伟大任务。中国共产党的领导是坚持和发展中国特色社会主义道路的领导核心和根本保证，全国各族人民是中国特色社会主义道路的主体和依靠力量。

总之，党的基本路线是中国特色社会主义道路的核心和总纲，是发展中国特色社会主义的根本原则，中国特色社会主义道路的内容和领域不论怎样扩展，但始终都离不开党的基本路线这个核心和总纲。

（二）继续深化改革开放

中国改革开放的总设计师邓小平最早提出了改革开放的战略思路，认为改革是一场新的伟大革命，开放是走出封闭半封闭状态、走向繁荣富强的关键抉择。改革开放 30 多年来，中国发生了举世瞩目的翻天覆地的变化，实践证明，改革开放是强国之路。进入 21 世纪，中国的改革开放也进入了一个新的历史时期，我们要紧紧抓住战略机遇期，从深化改革、扩大开放入手，从改革开放中寻找推进科学发展的动力。随着改革开放的进一步深化，一些深层次的矛盾日益显露，成为制约新一轮改革开放的重大因素。针对社会发展中出现的新问题新趋向，新世纪新阶段的改革开放也有了相应的新内容：改革要更加注重对社会利益关系的调整和统筹，更加注重体制创新和制度建设，更加注重经济社会与人的全面发展；开放要更加注重全方位、多层次、宽领域的开放，更加注重提高对外开放的水平。

深化改革开放必须突出强调“以人为本”、“效益至上”。改革目标不仅是解放发展生产力，更重要的是实现人的解放与人的全面发展。以人为本的改革观，就是改革要体现对人的关怀，以实现经济社会和人的全面发展为基本目标。对外开放是立足我国经济的快速发展和开放程度不断扩大，我们与各国经济联系继续加深，贸易摩擦增多、对外投资阻力加大等一些新的现象不断出现的实际，要求我们必须适应经济全球化趋势的新发展，以更加积极的姿态走向世界，更好地实施“引进来”和“走出去”同时并举、相互促进的开放战略，努力在“走出去”方面取得明显进展，更好地利用国际国内两个市场、两种资源，在激烈的国际竞争中掌握主动权，不断提高对外开放水平。具体来讲，就是坚持效益至上原则，转变对外贸易增长方式，提高对外贸易效益；提高利用外资水平，加强对外资的产业和区域投向引导，促进国内产业优化升级；提高防范和化解各种风险的能力，切实维护国家各种安全。

（三）加快转变经济发展方式，优化产业结构

要坚持中国特色社会主义道路，贯彻落实中国特色社会主义发展战略，必须切实转变经济发展方式，创新发展模式，提高发展质量，实现经济增长与结构、质量、效益相统一。为此，必须大力推进经济增长方式由粗放型向集约型转变，走新型工业化道路，推进国民经济和社会信息化，坚持节约发展、清洁发展、安全发展，实现可持续发展；必须大力推进经济结构战略性调整，加快产业结构优化升级步伐，高度重视节约资源和保护环境，促进经济社会发展与人

口、资源、环境相协调。从而真正把经济社会发展转入科学发展的轨道，最终实现经济社会又好又快发展。

转变经济发展方式是十七大提出的一个重要的新概念，是一个关系国民经济发展全局的紧迫而重大的战略任务，是在总结我国经济建设实践经验和借鉴国际经验教训的基础上认识的提高和理论的升华。发展理念的转变、发展道路的选择、发展模式的创新，实质上是解决如何使发展又好又快的问题。

经济发展方式除了涵盖经济增长方式所指的获得经济增长的方法和模式、所强调的提高经济增长效益的含义外，还对经济发展的理念、战略和途径等提出了更高的要求，它强调的不仅是提高经济增长效益，还包括促进经济结构优化、经济增长与资源环境相协调、发展成果合理分配等内容。其实质在于全面地追求和实现经济社会更好的发展质量和整体的协调。即转变经济发展方式，不仅要求转变经济增长方式，还要求实现经济结构优化升级，实现经济社会协调发展，实现人与自然和谐发展及人的全面发展。

目前和今后一段时期，转变经济发展方式的主要任务，就是做到“两个坚持”和“三个转变”，即坚持走中国特色新型工业化道路，坚持扩大国内需求特别是消费需求的方针，促进经济增长由主要依靠投资、出口拉动向依靠消费、投资、出口协调拉动转变，由主要依靠第二产业带动向依靠第一、第二、第三产业协同带动转变，由主要依靠增加物质资源消耗向主要依靠科技进步、劳动者素质提高、管理创新转变。

（四）统筹城乡发展，推进新农村建设

统筹城乡经济社会发展，逐步改变城乡二元经济结构，建设社会主义新农村，是我们党从全面建设小康社会全局出发作出的重大决策。它集中体现了我们党在新阶段“三农”工作的新理念、新思路，是对我们党长期以来特别是改革开放以来关于“三农”问题战略思想的继承和发展，是统筹城乡发展的根本措施，是新世纪新阶段解决“三农”问题的重大战略部署，为我国农村的发展展现了美好蓝图，开辟了广阔道路。

“三农”问题，即农业、农村、农民问题，是关系到我国改革开放和现代化建设的带有全局性、战略

性的根本问题。我们党领导的革命、建设、改革取得的伟大成就，都是同高度重视解决“三农”问题密不可分的。在我国，农业具有更为重要的地位。现实情况是，我国处于社会主义初级阶段，农村尤其不发达。表现在：生产力落后，主要靠手工劳动；市场化程度低，自给半自给占相当比重；农业人口多，就业压力大，科技教育文化落后，文盲半文盲数量较大；农民生活水平比较低，城乡差别大。这些严重地制约农业的发展和农村的稳定。农业、农村、农民问题，是全面建设小康社会进程中的关键问题。农业丰则基础强，农民富则国家盛，农村稳则社会安。发展好农村经济，建设好农民的家园，让农民过上宽裕的生活，才能保证全体人民共享经济社会发展成果，才能不断扩大内需和促进国民经济持续快速协调健康发展。

十六大报告把解决“三农”问题放在一个十分突出的地位，指出：要“统筹城乡经济社会发展，建设现代农业，发展农村经济，增加农民收入”。这是在科学分析我国国民经济发展面临的主要问题的基础上，提出的解决“三农”问题的重大思路。十六大以来，我们党强调要把解决好“三农”问题作为全党工作的重中之重，统筹城乡发展。胡锦涛在党的十六届四中全会上，明确提出了“两个趋向”的重要论断，即在工业化初始阶段，农业支持工业、为工业提供积累是带有普遍性的趋向；但在工业化达到相当程度后，工业反哺农业、城市支持农村，实现工业与农业、城市与农村协调发展，也是带有普遍性的趋向。当前，我国总体上已进入以工促农、以城带乡的发展阶段。党的十六届五中全会进一步提出了建设社会主义新农村是我国现代化进程中的重大历史任务，并对统筹城乡经济社会发展，扎实推进社会主义新农村建设作了全面部署。中央提出的建设社会主义新农村的总要求是：生产发展、生活宽裕、乡风文明、村容整洁、管理民主。这五句话二十个字，内涵丰富，要求明确，全面体现了当前和今后一个时期“三农”工作的主要方面，不仅勾画出了现代化农村的美好图景，而且提出了解决“三农”问题的系统思路。生产发展，是新农村建设的中心环节，是实现其他目标的物质基础；生活宽裕，是新农村建设的目的，也是衡量我们工作的基本尺度；乡风文明，是农民素质的反映，体现农村精神文明建设的要求；村容整洁，是展现农村新貌的窗口，是实现人与环境和谐发展的必然要求；管理民主，是新农村建设的政治保证，显示了对农民群众政治权利的尊重和维护。

十六大以来，我们党先后制定了许多具体政策解决农村问题，使农业得到加强、农村得到发展、农民得到实惠，为推动经济社会发展、保持社会稳定创造了重要条件。但必须看到，制约农业和农村发展的深层次矛盾尚未消除，促进农民持续稳定增收的长效机制尚未形成，农村经济社会发展滞后的局面尚未根本改变。建设社会主义新农村是一项系统工程，要按照工业反哺农业、城市支持农村和“多予少取放活”的方针，有计划有步骤有重点地推进。要通过坚持农村基本经营制度，强化支农惠农政策，加快农业科技进步，调整优化农村经济结构，加大扶贫力度，促进农业不断增效、农村加快发展、农民持续增收。建设社会主义新农村是一项长期、艰巨、复杂的重大历史任务，要动员全党全社会关心农业、关注农村、关爱农民，积极支持和参与新农村建设，建立以工促农、以城带乡长效机制，形成城乡经济社会发展一体化的新格局，使建设社会主义新农村成为全党全国人民的共同行动。

（五）加强能源资源节约和生态环境保护，增强可持续发展能力

节约资源和保护环境是我国的两大基本国策，坚持这两大基本国策，关系人民群众切身利益和中华民族生存发展。因此，必须把建设资源节约型环境友好型社会放在工业化、现代化发展战略的突出位置。

新型资源环境观是一个与资源环境密切相关的观念群，主要包括系统观（把人与大自然看成是一个大系统）、稀缺观（许多资源是相对稀缺的）、平衡观（人、资源、生态等要素组成的系统要处于平衡状态）、价值观（自然资源不仅具有使用价值和价值，还要有价格）、整体观（对资源环境的保护，必须从整体的层面进行考虑）、有形资源与无形资源有机统一观、节约观、消费观等。新型资源环境观特别强调处理好环境保护与经济增长的关系以实现双赢。树立新型资源环境观，必须辩证处理资源与环境、当前与长远、质量与数量三对关系。资源与环境表现为一体两面，但往往是资源的开发导致了环境的恶化。资源

总是有限的，无节制地利用资源必然导致资源短缺甚至消失；环境容量也是有限的，破坏环境必然导致环境的不断恶化直至人类生存条件的丧失。资源与环境也有优劣之分，社会经济可持续发展不仅要求资源与环境在数量上得到保证，同时必须在质量上有所保证。

（六）切实转变政府职能，树立正确权力观、政绩观、群众观

按照党政分工的原则，党主持制定的中国特色社会主义发展战略，必须由政府来组织实施，而政府能否做好这一工作，关键是要进一步转变自身职能。转变政府职能，就是要进一步加强经济调节和市场调节监管，健全国家宏观调控体系，减少政府对市场和企业经营活动的直接干预，为经济发展创造良好的市场环境。

新时期的行政管理体制改革，加快转变政府职能，强调建立公共服务型政府，形成行为规范、运转协调、廉洁高效的行政管理体制，健全现代政府管理

制度与管理方式。其中，加快政府职能转变是关键和核心。政府职能转变，就是要把政府职能由计划经济体制下管得过宽过多、主要靠行政手段管理和权责脱节，进一步转到经济调节、市场监督、社会管理和公共服务上来，按照社会主义市场经济发展的要求行使职权，做到权责一致。为此，应重点抓好两个方面：一是政府不该管的事一定不要管，坚决放开。二是政府该管的事一定要管，而且要管好。在市场经济条件下，政府要正确地履行好如下职责：一要创造市场机制正常运作和有效发挥作用的条件和环境，创造和维护公开公平公正的市场竞争秩序；二要熨平经济的大幅度波动，通过采取综合手段，促进供求总量基本平衡，避免经济大起大落；三要致力于提供非营利的公共产品和公共服务，以努力实现社会公平；四要在促进经济发展的同时，把维护社会公正放到更加突出的位置，综合运用多种手段，逐步建立社会公平保证体系。

权力观是指人们对职权范围内可支配力量的认识或看法，包括权力所有观、权力目的观、权力价值观、权力责任观、权力道德观、权力实现观、权力制衡观等方面。总括起来一句话，权力观的核心就是明确权从何来、权为谁用的问题。中国共产党的宗旨要求领导干部必须牢固树立正确的权力观，为此，必须牢固树立正确的世界观、人生观和价值观，克服错误权力观的影响，牢固树立群众意识，增强廉洁自律意识，强化监督，思想教育与制度保证双管齐下。

政绩观是领导干部对工作成果的认识，对自己行政行为的价值判断。树立正确的政绩观，是为了更好地贯彻党的宗旨，是实现全面建设小康社会奋斗目标的客观要求，是党的建设的需要，也与领导干部个人的成长和我们党领导下的事业命运息息相关。为此，胡锦涛在十六届三中全会上提出，要教育干部树立正确的政绩观，包括正确看待政绩，科学衡量政绩。树立正确的政绩观，必须坚持用科学发展观来引领，必须依照“万事民为先”的准则创造政绩，必须始终突出一个“实”字即办实事、重实效、务实绩。贯彻落实科学发展观，必须树立和坚持正确的政绩观，用全面的、实践的、群众的观点看待政绩，建立和完善政绩评价标准、考核制度和奖惩制度，形成正确的政绩导向。各级领导干部必须牢记全心全意为人民服务的宗旨，树立与科学发展观相适应的政绩观，坚持为了发展和造福于民而创造政绩的观念，把实现人民群众的利益作为追求政绩的唯一目的，坚持严格按照客观规律办事，兢兢业业地干好工作，实实在在地创造业绩。

群众观是指党员干部发自内心深处对待群众的态度。或者说，群众观是指党员干部对“把群众究竟放在自己心目中什么样的位置上”这一问题的根本认识。新时期树立正确的群众观主要包括五个方面的要求：一要认清党的历史方位的变化对密切党群关系的影响，二要牢固树立立党为公、执政为民的思想观念，三要落实到提高领导干部执政能力上来，四要坚定不移地实现好维护好发展好人民群众的根本利益，五要把群众满意作为衡量一切工作的标准。概而言之，关键在于我们必须清醒地认识到：第一，正确的群众观的核心内容，集中体现为胡锦涛总书记在2003年“七一”讲话中指出的“三个为民”，即权为民所用，情为民所系，利为民所谋。要把这三句话落到实处，一要做到权为民所用，必须摆正党员干部的位置。党员干部要正确看待和运用自己手中的权力，解决好为谁掌权、为谁服务的问题；要正确对待个人的名利地位，解决好做事与做官的问题，树立正确的权力观。“领导就是服务”，就是为人民服务，就是扮演好“人民公仆”的角色。二要做到情为民所系，必须把自己当做人民的儿子。儿子与养育自己的父母之间有着不可分割的血肉联系，儿子时刻都想着报答父母的养育之恩。情为民所系，就是要求我们的领导干部从心底里把自己与人民群众的喜怒哀乐紧紧联系在一起。领导干部要带着浓厚的感情，想群众之所想，急群众之所急，办群众之所需，解群众之所难，在为群众办实事谋利益的过程中体现执政为民的宗旨。三要做到利为民所谋，必须把人民群众利益作为一切工作的出发点和落脚点。利为民所谋，就是在心里时刻想着立党为公，执政为民。说到底，就是要求领导干部必须时刻心存公念，心系人民，想着为党分忧、为民解难，最大限度地把党的阳光雨露挥洒到社会的每个角落、将社会利益公正地分配给社会的每个成员。第二，正确的群众观始终把群众作为发展的主体。唯物史观认为，人民群众是历史的创造者，是时代的真正英雄。坚持正确的群众观，一要以民为根，以民为本。就是一切相信群众，一切依靠群众。二要求学于民，问策于民。求学于民，人民群众学习的观点，党的群众路线的内在要求，是革命和建设取得成功的基本经验之一。求学于民，必然会经常问策于民。领导干部要眼睛向下，深入群众，察民情、听民意、集民智，使各项政策符合民意。三要取信于民，还权于民。

（七）切实加强和改进党的建设

中国特色社会主义道路是中国共产党领导人民长期探索、奋力开拓的。中国共产党不仅是中国特色社会主义道路的开辟者，也是这条道路向前发展的领导者，是我们推进事业发展、战胜前进道路上各种艰难险阻，实现富强民主文明和谐社会主义现代化目标的关键。能否将这一道路夯实，关键在于党自身。所以，必须切实加强和改进党的建设。而加强和改进党的建设，目标就是不断提高党的执政能力。党的执政能力，就是党提出和运用正确的理论、路线、方针、政策和策略，领导制定和实施宪法和法律，采取科学的领导制度和领导方式，动员和组织人民依法管理国家和社会事务、经济和文化事业，有效治党治国治军，建设社会主义现代化国家的本领。党的执政能力建设问题的提出，要求现代化建设的领导者要因势而动，及时改变执政方式，提高执政能力，确保现代化建设进程顺畅。

我们党所处历史方位的变化，要求在社会历史舞台上所扮演的角色也必须随之发生变化，执政能力建设是中国共产党完成历史赋予的角色使命的重要前提。十六届四中全会通过的《中共中央关于加强党的执政能力建设的决定》，全面总结了半个多世纪以来党执政的主要经验，明确提出了加强党的执政能力建设的指导思想、总体目标和主要任务。即按照推动社会主义物质文明、政治文明、精神文明协调发展的要求，不断提高驾驭社会主义市场经济的能力，不断提高发展社会主义民主政治的能力、建设社会主义先进文化的能力、构建社会主义和谐社会的能力、应对国际局势和处理国际事务的能力。要紧紧围绕上述任务，立足现实、着眼长远，抓住重点、整体推进，不断研究新情况、解决新问题、创建新机制、增长新本领，全面加强和改进党的建设，使党的执政方略更加完善、执政体制更加健全、执政方式更加科学、执政基础更加巩固。坚持科学执政、民主执政、依法执政，是新的历史条件下加强党的执政能力建设和先进性建设的重要内容，反映了我们党对执政规律认识的深化和对党长期执政正反两方面经验的科学总结，反映了我们党对自己所处的历史方位和所承担的历史使命的清醒认识，反映了我们党把推进党的建设新的伟大工程同推进中国特色社会主义伟大事业紧密结合的高度自觉。

十七届四中全会通过了《关于加强和改进新形势下党的建设若干重大问题的决定》，总结了运用和丰富发展执政党建设的基本经验，并强调指出：加强和改进新形势下党的建设，必须全面贯彻党的十七大关于党的建设总体部署，按照党章要求，着眼于继续解放思想、坚持改革开放、推动科学发展、促进社会和谐，着眼于提高党的执政能力、保持和发展党的先进性，着眼于增强全党为党和人民事业不懈奋斗的使命感和责任感，着眼于保持党同人民群众的血肉联系，突出重点，突破难点，全面推进思想建设、组织建设、作风建设、制度建设和反腐倡廉建设，提高党的建设科学化水平，进一步把党建设成为立党为公、执政为民，求真务实、改革创新，艰苦奋斗、清正廉洁，富有活力、团结和谐的马克思主义执政党，确保党始终是中国工人阶级的先锋队，同时是中国人民和中华民族的先锋队。

七、中国特色社会主义道路的时代价值

（一）中国特色社会主义道路是中国实现发展进步、民族伟大复兴的必由之路

中国特色社会主义道路，是马克思主义关于人类社会发展五种形态的一般规律和东方社会理论的特殊规律在中国的集中反映，是科学社会主义与中国实际和时代特征相结合的产物，是当代马克思主义中国化的实践结晶，是中国近代以来全部历史的逻辑发展和必然结果，是在世界多样化民族发展道路中开辟出来

的一条独具中国特色的新道路，开创了在一个经济文化比较落后的农业大国实现现代化的崭新模式，是最适合中国国情和时代要求的体制模式，能最大限度地解放和发展生产力，成为推动中国实现发展进步、民族伟大复兴的必由之路。

中国特色社会主义道路以“一个中心，两个基本点”为核心，以“五位一体”为总体要求和基本内容，以“建设富强民主文明和谐的社会主义现代化国家”为发展目标，以科学发展观为基本战略方针，以改革开放为根本动力。随着这条道路的全面展开和深入推进，全方位地激活了当代中国社会总体发展的战略格局，为当代中国社会持续发展不断地扫除障碍，充分发挥出社会主义制度的优越性，具有广阔的发展前景和重要的时代价值。

1. 最符合中国国情，能最大限度解放和发展生产力，迅速实现现代化

中国特色社会主义道路最符合中国国情，能最大限度地解放和发展生产力。中国革命和建设的实践经验告诉我们，中国国情是实现马列主义与中国革命建设实践相结合的中心环节，是制定党的路线方针政策的客观依据。认识中国国情，最重要的是认识中国社会的性质和发展阶段。

我国在社会主义制度基本确立以后，由于受到传统社会主义观念和苏联模式的束缚，坚持单一的社会主义公有制，社会生产力并没有得到充分的发展。直到中国特色社会主义道路开辟以后，才在生产力水平低、经济发展不平衡的条件下，逐步建立起符合这一基本国情的基本经济制度和体制机制。在所有制形式上，只能是以社会主义公有制为主体，多种经济形式并存；在分配方式上，只能是以按劳分配为基本原则，其他分配方式并存；在经济体制上，只能是社会主义市场经济体制。党的十三大正式提出了社会主义初级阶段理论，指明我国社会所处的历史方位，这就具体地指出了社会主义初级阶段的主要矛盾和基本任务。主要矛盾是人民日益增长的物质文化需求与落后的社会生产之间的矛盾，由此决定中国特色社会主义建设的基本任务是进一步解放和发展生产力。

在中国特色社会主义建设实践中，中国共产党人始终把解放和发展生产力作为自己重要的历史使命和中心任务，并取得了举世瞩目的辉煌成就，经济社会取得了翻天覆地的巨大进步。实践证明，中国特色社会主义道路最符合中国国情，只有中国特色社会主义道路才能最大限度地解放和发展生产力，实现社会主义现代化。

中国特色社会主义道路以经济建设为中心，以改革开放为动力，不断破除不利于生产力发展的体制机制。中国共产党人立足社会主义初级阶段的基本国情，制定并始终坚持了以经济建设为中心，坚持四项基本原则，坚持改革开放的基本路线，这就从根本上保证了不断解放和发展生产力的正确方向。坚持改革开放是决定中国命运的一招，是社会主义本质的内在要求，是社会主义中国的强国之路。改革开放包括对内改革和对外开放两个方面内容。在对内改革方面，经历了从农村到城市，从经济领域到其他各个领域的发展历程，成功地实现了从高度集中的计划经济体制到充满活力的社会主义市场体制的转变；在对外开放方面经历了从沿海到沿江沿边，从东部到中西部的发展历程，成功地实现了从封闭半封闭到全方位开放的伟大历史转折。

改革开放是我们党在新的历史条件下带领人民进行的新的伟大革命实践，没有改革开放，就没有马克思主义在中国的新发展，也就没有中国特色社会主义道路。改革开放 30 多年来，我国经济持续快速发展，自主创新能力不断增强，高科技领域一些关键技术取得突破，综合国力显著提高，经济总量跃居世界前列，人民生活从温饱不足发展到总体小康等，这些都是中国特色社会主义道路解放和发展生产力的辉煌成就和具体展现。

2. 以人为本科学发展，实现共同富裕

中国特色社会主义道路坚持“五位一体”，统筹兼顾，坚持以人为本，从而实现的经济社会的全面协调可持续发展。中国特色社会主义建设是一个全方位的动态的历史进程。它的总体布局曾由经济、政治、文化建设“三位一体”，拓展为经济、政治、文化、社会建设“四位一体”，直到现在的经济、政治、文化、社会、生态文明建设“五位一体”，与此相适应，我国社会主义现代化的目标也从富强、民主、文明“三位一体”，拓展为富强、民主、文明、和谐“四位一体”。这反映了党对中国特色社会主义事业发展规律认识的深化。最突出的变化是党对加快推进以改善民生为重点的社会建设的高度重视，党根据国际国内形势发生的新变化，全面分析我国发展面临的机遇和挑战，提出了“社会和谐是中国特色社会主义的本质属性，是国家富强、民族振兴、人民幸福的重要保证”的科学论述。这个重大判断，不但深化了对社会主义本质的认识，有利于全面地坚持科学社会主义的基本原理，而且更加有利于全面地体现党的奋斗目标和全国各族人民的共同理想，从而更好地建设中国特色社会主义，最大限度地实现广大人民的根本利益。

中国特色社会主义道路以广大人民的利益为出发点和落脚点，大力发展改善民生的社会事业，通过先富带后富逐步实现共同富裕。“社会主义的目的就是要全国人民共同富裕，不是两极分化。如果我们的政策导致两极分化，我们就失败了；如果产生了什么新的资产阶级，那我们就真是走了邪路了。”社会主义解放和发展生产力的目的，是满足人民日益增长的物质文化生活需要，最终实现共同富裕。当然共同富裕不等于同步富裕，而是允许一部分人先富起来，先富带动后富，最终实现共同富裕。中国特色社会主义道路坚持公有制为主体、多种所有制经济共同发展的基本经济制度和以按劳分配为主体多种分配方式并存的分配制度，能够保证生产资料和劳动成果的主体部分归劳动者共同占有和支配，这是防止两极分化、实现共同富裕的制度保障。

现在我们还处在社会主义初级阶段，由于受生产力低水平、人口众多、各地自然资源的分布和社会发展的条件不平衡的制约，还存在分配不公和社会成员收入差距悬殊，以及地区差距增大等问题。对此党和政府高度重视，并采取有力措施逐步解决。随着经济又好又快的发展，党和政府通过鼓励一部分地区、一部分人先富起来，以先富带动后富，通过宏观调控、互相帮扶等各种措施带领人民走向共同富裕。

3. 中国特色社会主义道路取得的辉煌成就

党的十一届三中全会以来，我们党以改革开放为强大动力，排除来自各方面的干扰，战胜了来自政治、经济、社会领域和自然界的各种困难和挑战，不断解放和发展社会生产力，促进中国实现了历史性的跨越，各项事业取得的举世瞩目的伟大成就，顺利实现了中国共产党领导下的第二次历史性巨变。经济上实现了从高度集中的计划经济体制到充满活力的社会主义市场经济体制、从封闭半封闭到全方位开放的伟大历史性跨越；我们国家社会经济各项事业获得了自近代以来从未有过的长期快速稳定发展，经济快速增长；人民生活水平从贫穷达到基本小康；综合国力居世界前列，国际地位举足轻重，成为有世界影响力的大国。

总之，中国特色社会主义道路让国家更加富强、人民更加幸福、社会更加和谐，让一个落后的农业国阔步走向社会主义工业国、稳步走向现代化、大步走向民族伟大复兴。改革开放 30 多年的辉煌成就更加有力证明中国特色社会主义道路是中国实现发展进步、民族伟大复兴的必由之路。

（二）中国特色社会主义道路为第三世界国家闯出了一条新路

1. 中国为第三世界国家开创了对内改革和对外开放相结合的现代化道路

中国等第三世界国家大多数是发展中国家，当这些国家启动现代化建设之时，它们普遍遇到的情况是发达资本主义国家已经完成了现代化建设，在经济社会建设方面都已经走向成熟并处于领先地位。发展中国家必须正视这个现实并做出积极的应对之策。

第一，要正确认识发达资本主义国家创造的现代文明成果，这些文明成果并不会因为是资本主义国家创造的就贴上资本主义的标签，为其所独占独有，而是为全人类所共享共有。

第二，要对外开放。当今世界，经济全球化趋势势可不挡，任何国家都不可以在闭关锁国的状态下获得快速发展，只有积极主动地融入到世界经济秩序中来，充分利用先进国家的领先技术，才可能实现本国现代化的跨越式发展。

第三，要探索形成适合本国国情的现代化道路。每一个国家都应该有一条属于自己的现代化道路，因为每个国家的具体国情不同，因此，要把马克思列宁主义的普遍真理同本国的革命实践、本国的实际情况相结合，才能够制定正确的战略和策略，才能够取得革命和建设的成功。

2. 中国为第三世界国家正确处理好改革、发展、稳定关系提供经验

“当今世界正在发生广泛而深刻的变化，当代中国正在发生广泛而深刻的变革。机遇前所未有，挑战也前所未有，机遇大于挑战。”“两个前所未有”从总体上概括了当前中国总体的阶段性特征，十七大报告还从八个具体方面简述了进入新世纪新阶段，我国发展呈现出的一系列新的阶段性特征。阶段性特征思想的提出和对阶段性特征的准确把握，使我们对中国现代化建设的认识和把握更加理性和成熟，相应采取的应对策略更加清醒和有效。

我们处理这些问题时要做到：

第一，抓住机遇，加快发展，通过发展来解决发展中遇到的问题。

第二，应对挑战，规避风险，着力解决好影响发展的突出矛盾和问题。

第三，综合平衡，统筹兼顾，全力以赴实现小康社会建设的阶段性奋斗目标。

综合考虑改革的力度、发展的速度和人民可承受的程度，成功地处理好改革、发展、稳定的关系。改革是动力、发展是目的、稳定是前提。把不断改善人民生活作为处理改革发展稳定关系的重要结合点，既坚持稳定压倒一切的方针，又通过改革促进社会不断发展。

3. 中国特色社会主义道路是和平发展道路，丰富了世界发展模式

2004 年 5 月 11 日，英国著名思想库“伦敦外交政策中心”发表乔舒亚·库玻·雷默的《北京共识》一文，明确提出了“中国模式”的概念。他认为“中国模式”的核心思想是：按照自己的国情，走中国特色的发展之路。

从“中国模式”的内涵来看，它已经表达了学术界对中国改革开放 30 多年发展道路在国际上的层次定位的科学把握，“中国模式”是有别于“20 世纪资本主义发展中的典型模式”和“20 世纪社会主义和发展中国家发展中的模式”的全新发展模式，这一发展模式取得了举世瞩目的经济增长，建设了初步小康的人民生活，全面确立了社会主义市场经济体制，卓有成效地开展了对外开放，全面提高了中国的国际地位，建设了社会主义民主政治，不断提高中国共产党的执政能力。

这一发展模式丰富了世界上发展模式的种类，既对社会主义国家如何坚持和发展马克思主义，如何建设社会主义，如何加强党的建设提供了模式参考，也对第三世界发展中国家如何发展经济摆脱贫困实现现代化提供经验借鉴，这是中国对当今世界的重大贡献。

参考文献

[1] 郑德荣等:《国情·道路·现代化》,吉林文史出版社,2001年版。

[2] 薛泽洲等:《邓小平与中国现代化》,福建教育出版社,2001年版。

[3] 李君如等:《十三届四中全会以来的成就与经验》,中共中央党校出版社,2003年版。

[4] 陈登才等:《邓小平与中国新道路》,中共中央党校出版社,2004年版。

[5] 《中国共产党历史(第二卷)》,中共党史出版社,2011年版。

[6] 郑德荣等:《中国特色社会主义道路基本问题研究》,人民出版社,2012年版。

[7] 孔德生等:《复兴之路》,吉林人民出版社,2012年版。

[8] 柳建辉等:《十年辉煌——十六大以来中国共产党治国理政纪实》,人民出版社,2012年版。